KB016351

한 무제

요시카와 고지로 지음 | 장원철 옮김

일러두기

1. 이 책의 중국 인명과 지명은 국립국어원 외래어 표기법에 따라 종전의 한자 음대로 표기하였다.

2. 서양 지명 및 서양 인명은 영어 표기를 기준으로 했다.

3. 책 제목은 겹낫표(『』)로 표시하였으며, 이외의 인용, 강조, 생각 등은 따옴표를 사용했다.

4. 본문 중 진한 글씨는 지은이가 강조한 것이다.

5. 이 책은 산돌과 Noto Sans 서체를 이용하여 제작되었다.

목차

마차를 묘사한 한나라 시대 화상석의 탁본

1장
아교와 궁중의 여인들

1.

한漢나라 무제武帝 시대는 중국 역사상 가장 찬란했던 시대의 하나로, 중국인들은 오랫동안 기억해오고 있다. 아니 찬란하다는 식의 모양내는 표현보다는, 너무나도 기세가 드높았고, 몹시도 활기찼던 시대였다고 말하는 편이 훨씬 적절한 표현일 것이다.

그래서 나로서는 이렇듯 기세 드높았던 이 시대야말로, 중국 역사상 최초의 대전환기였다고 생각한다. 적어도 중국의 사상사와 문학사는 말할 것도 없고, 나아가 사회사·경제사·정치사의 영역에서도 대체로 최초의 획기적 시대였다고 하겠다.

기원전 141년부터 87년까지의 이 시기는 로마의 경우 카이사르Caesar[1]는 아직 등장하지 않았고, 그라쿠스 Gracchus 형제[2], 마리우스Marius[3], 술라Sulla[4]가 활약하

---

[1] 기원전 100~기원전 44. 본명은 가이우스 율리우스 카이사르Gaius Julius Caesar이며, 로마 공화정 시대의 정치가·군인·문필가. 고대 로마의 최대 야심가로 일컬어지며, 로마 공화정이 제국으로 변화하는 데 결정적 역할을 하였다. 황제를 뜻하는 영어의 시저Caesar, 독일어의 카이저kaiser, 러시아어의 차르tsar는 모두 그의 이름에서 유래되었다.

[2] 기원전 2세기 로마 공화정 시대에 활동한 정치가인 티베리우스 그라쿠스Tiberius Gracchus와 가이우스 그라쿠스Gaius Gracchus를 말한다.

[3] 기원전 157~기원전 86. 본명은 가이우스 마리우스Gaius Marius로 로마 공화정 시대의 군인·정치가.

[4] 기원전 138~기원전 78. 본명은 루키우스 코르넬리우스 술라 펠릭스Lucius Cornelius Sulla Felix로 로마 공화정 시대의 군인·정치가.

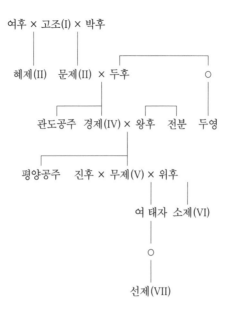

던 시대였다. 바로 그 무렵에 햇수로 치자면 55년이라는 오랜 기간에 걸쳐 중국 전 영토, 아니 당시 중국인들의 의식으로는 전 세계에 군림했다고 할 이 천자에 관하여 후세 사람들은 수많은 일을 기억하고 있다.

한나라 무제는 여러 곳에 원정군을 보내어 중국의 영토를 넓혔다. 요컨대 당시 중국인의 의식으로는 세계의 외곽을 넓혔던 셈이다. 그는 또한 수많은 대규모 건축물을 짓는 등의 토목 사업도 일으켰다. 신선神仙의 도를 즐겼으며, 지식인들을 자유로이 등용하여 중국 문화, 아니

당시 사람들의 의식으로는 인류의 문화 발전을 획기적으로 추진하였다. 또한 공자의 유교를 민족의 윤리, 또는 당시 의식으로는 인류 전체의 윤리로까지 확립시켰다. 프랑스의 중국학자 에두아르 샤반느Édouard Chavannes[5]는 무제의 치세에 대해 이렇게 평가하고 있다.

> "무제가 천자 자리에 있은 것은 54년에 걸친 기간이었지만, 이는 오히려 무척이나 다행스러운 일이었다. 오랜 재위 기간, 무제의 일관된 정책들은 내재된 여러 잠재력을 완전히 발휘할 수 있게끔 해주었다(이와무라 시노부岩村忍 옮김, 프랑스어판 『사기』「서설序說」)."

이러한 발언은 그때까지의 시대가 발전시키고 집적해왔던 여러 문물이, 무제라는 천자의 치세에 이르러 일제히 꽃을 피우고 결실을 보게 되었다는 사실을 의미한다.

하지만 나는 이 황제의 치세가 중국사의 흐름 위에서 지니는 역사적 의의를 그렇듯 성급한 추상론으로 서둘

---

5)1865~1918. 프랑스 중국학 연구의 토대를 쌓은 선구자로 사마천의 『사기』를 서구의 언어로 최초로 번역한 업적으로도 유명하다.

러 평가하고 싶지는 않다.

먼저, 그처럼 획기적인 시대가 가능했던 이 황제의 치세가 어떠한 분위기를 지닌 시대였는지를, 몇 가지 사실들에 근거하여 이야기해보고자 한다. 성급한 추상론을 전개하기보다는 이렇게 하는 편이 사람들의 판단을 훨씬 덜 오도하리라 생각하기 때문이다. 역사에서 획기적 시대로 평가되는 한나라 무제의 시대가 지니는 성격은, 이제부터 이야기하려는 여러 사실 속에서 더욱더 구체적이고도 분명하게 드러날 것이다.

2천 년 전에 일어난 사실들은 다행히도 무제와 동시대 인물로, '중국의 헤로도토스Herodotus'로 불리는 사마천司馬遷의 『사기史記』, 『사기』를 보정한 반고班固의 『한서漢書』를 통해서 손바닥 들여다보듯 생생히 알 수가 있다.

나는 우선 무제 주변을 둘러싼 여인들에 대해 이야기를 시작해보겠다. 요컨대 먼저 무제의 사생활에 관해 이야기하겠다는 뜻이다. 무제는 전제국가의 군주였다. 따라서 그의 사생활 역시 공적인 생활과 안팎으로 서로 연관되어 있음은 새삼 말할 나위도 없겠다. 사마천의 『사기』 가운데 「외척세가外戚世家」와 반고의 『한서』에 실린 「외척전外戚傳」이 내가 살펴볼 자료이다.

2.

　무제는 70년에 걸친 오랜 생애에 정식 배우자인 황후로 두 명을 두었다. 진陳 황후와 위衛 황후가 그들이다. 여기서 '진'이니 '위'니 하는 말은 각각 황후 친정의 성씨이다.

　첫 번째 황후 진 황후는 무제와는 사촌지간이다. 무제의 고모 가운데 관도館陶의 장공주長公主라는 황녀가 있었는데, 그녀가 진오陳午라는 인물에게 시집가서 낳은 딸이 바로 진 황후였다.

　따라서 이 두 사람은 어릴 적부터 잘 아는 사이였다. 소년 시절의 무제와 소녀 시절의 진 황후 사이에는 이런 이야기가 전해지고 있다.

　어느 날 무제는 고모인 황녀의 저택으로 놀러 갔다.

　황녀는 어린 조카를 무릎 위에 앉히고서 물었다.

　"철徹아, 너 장가가고 싶지?"

　'철'은 무제의 아이 때 이름이었다.

　어린 황자皇子는 대답하였다.

　"응, 장가가고 싶어."

　"자, 그럼 누가 좋을까."

그러면서 그녀는 주위에 있는 시녀들을 차례차례 손가락으로 가리켰다. 그리고 마지막에 황녀의 손가락이 자기 딸을 가리켰다.

"자, 그럼 교嬌는 어떻겠니?"

"만약 교를 색시로 맞이할 수 있다면, 반드시 황금으로 집을 지어 그 안에서 살게끔 해주겠어요."

"만일 아교를 아내로 얻는다면, 당연히 황금으로 된 집을 지어 거기에 살게 하겠어요(若得阿嬌作婦, 當作金屋貯之也)."

이러한 일화는 활달하고 호사스러우며 호색적인 무제의 성격을, 소년 시절의 그가 일찍이 보여준 것이라 하여 무척이나 유명하다. 그와 동시에 이러한 발언은 소년이 스스로 자신의 일생을 예언한 것이기도 했다.

하지만 이 이야기는 『사기』와 『한서』 같은, 가장 신뢰할 만한 문헌에는 실려 있지 않다. 백과전서인 『태평어람太平御覽』[6] 「황왕부皇王部」에 인용된 『한무고사漢武故

___

6)여러 가지 책을 모아, 사항에 따라 분류해서 검색에 편리하게끔 만든 책을 유서類書라 하는데, 『태평광기太平廣記』와 더불어 중국 송대에 편찬되었던 대표적 유서의 하나임.

事』라는 문헌에 보인다. 이 '한무고사'라는 제명은 한나라 무제에 관한 이야기라는 뜻이다. 아마도 이러한 일화 역시 설화이지 사실은 아닐 것이다.

설령 그것이 사실이었더라도, 무제와 진 황후의 혼인이 이렇듯 천진난만한 대화만으로 이루어지지는 않았을 것이다. 이러한 혼인이 성립했던 배후에는 필시 어른들의 권력 투쟁이 있었다 하겠다.

3.

무제의 부친은 한나라 제4대 천자인 경제景帝이다. 경제에게는 열네 명의 황자가 있었다. 정실正室 황후에게서는 아들이 없었고, 모두 첩실들이 낳은 아들이었다. 그중에서 율희栗姬라는 첩실이 낳은 황자가 처음에는 황태자가 되었다.

그런데 당시 궁중에서 세력을 쥐고 있던 이는 앞서 말한 무제의 고모라는 황녀, 곧 경제의 누이인 관도 장공주였다. 자파 세력이 오래 지속되기를 바라는 황녀는 자신의 딸을 율희 소생 황태자의 비로 들여야겠다고 생각하고서, 그런 의사를 율희에게 내비쳤다. 율희는 그녀의 청을 냉정하게 거절하였다. 황제의 총애를 잃어가던 율희는 히스테리 상태에 빠져 있었다.

자존심에 상처를 입은 황녀는 동생인 경제에게 율희에 대해 헐뜯으면서 황태자를 갈아세울 것을 진언하였다. 그 결과, 황녀의 진언이 결국 받아들여져 새로이 황태자가 되었던 인물이 당시 일곱 살의 무제였다. 그리하여 황녀는 자기 딸을 이 새로운 황태자의 장래의 배필로 정하는 일에 성공하였다.

무제가 여타의 형제들을 물리치고서 부친인 경제의 후계자가 되었던 까닭은 이상과 같은 과정을 거쳤기 때문이다. 요컨대 무제는 고모인 관도 장공주의 도움을 빌어서 훗날 '대한大漢황제'가 될 토대를 마련했다.

물론 무제가 총명한 소년이었다는 점도 하나의 이유였을 것이다. 소년 시절 무제의 일화가, 이 또한 『태평어람』에 인용된 『한무고사』에 다음과 같이 전하고 있다.

어느 성안 저잣거리 백성의 후처가 남편을 살해하였다. 전처 소생인 아들이 계모를 아비의 원수라 하여 죽이고 말았다. 이윽고 그 아들은 '모친 살해'의 죄목으로 기소되어 경제의 재결裁決을 요청하게 되었다. 부황父

皇 곁에서 가만히 듣고 있던 황태자가 말하였다.

"지아비에게 충실하지 않은 지어미는 이미 부친의 아내가 아닙니다. 따라서 아들의 모친도 아닙니다. 모친 살해의 죄목에 해당하지 않습니다."

이 이야기 또한 사실 그대로는 아닐 것이다. 하지만 소년 무제가 총명한 아이였음은 틀림없었다. 그에 반하여 다른 형제들은 대체로 둔하고 무지하며 잔인한 인물이었던 것처럼 『한서』「황자전皇子傳」에는 기록되어 있다. 그러나 다른 한편으로 장형인 하간헌왕河間獻王[7]처럼 학문이 뛰어나 무제의 존경을 받았던 인물도 있었다.

무제가 태자로 책립된 것은 그가 총명했다는 사실만으로 결정된 일은 아니었다. 요컨대 고모의 조언이 결정적인 역할을 한 셈이었다. 다만 고모의 조언에는 한 가지 교환 조건이 있었다. 자신의 딸인 아교阿嬌를 무제의 정실로 맞아야 한다는 것이었다.

그리하여 무제의 고모 딸은 우선 황태자비가 되었다가, 이윽고 무제 나이 열여섯 살에 경제가 타계하고서

7) 생몰년도 미상. 경제의 셋째 아들. 이름은 유덕劉德으로 율희의 소생이다. 학문을 좋아했으며 『악기樂記』를 지었다고 전해진다.

마침내 무제가 '대한황제大漢皇帝'의 자리에 등극하면서 그의 황후가 되었다.

그이가 최초의 황후인 진 황후이다.

4.

그런데 이 진 황후는 자존심이 엄청나게 세고 질투 또한 심하였다. 뭐라 해도 황족 출신인데다가, 더욱이 무제가 즉위하는 과정 자체가 이상에서 보아왔던 대로라, 걸핏하면 자기 모친인 관도 장공주의 일을 내세우곤 하였다.

그런가 하면 황후의 모친 관도 장공주 역시 대단한 여걸이었음은 무제를 황태자로 옹립하는 과정에서 여실히 보아왔던 대로다.

한나라 시대의 황녀는 대체로 상당한 권력을 쥐고 있었다. 황녀의 그러한 권력은 오히려 남자인 황자들을 능가하였다. 왜냐하면 황자들은 모두 지방 제후인 왕으로 봉해져 도읍인 장안長安에서 멀리 떨어져 있었으므로 중앙 정치에 관여할 기회가 그리 많지 않았기 때문이다. 단지 중앙 정치에 관여하기 어려웠던 탓만도 아니었다. 그들이 역모를 꾀해서는 곤란하다는 이유로, 중앙 조정에서 파견된 감독관이 가신이니 사부師傅 등의 명의로 주변에서 두 눈에 쌍심지를 켜고서 그들을 감시하였다. 가신이나 사부들 중에는 일부러 사건을 날조해서 자신의 공적으로 삼는 이들까지 있었다. 무제의 형제 왕들이 대개 형편없는 바보처럼 기록되어 있던 것도 바로 그런 맥락에서 생겨난 기사記事의 탓이 없지 않았을 것이다. 아무튼 지방의 왕들은 가시방석에 앉아 있는 기분이었다. 특히나 무제의 부친 경제의 치세에 남쪽 지방의 왕들이 반란[8]을 일으킨 뒤부터 중앙의 감시는 상궤를 벗어날 정도로까지 엄중해졌다.

이와 관련해서도 일화가 전한다. 건원建元[9] 3년 즈음이면 무제가 즉위해서 얼마 지나지 않은 무렵이었다. 무제의 몇몇 형들이 수도 장안으로 내조來朝하였다. 그들을 환영하는 주연이 베풀어지고 곡이 연주되었다. 바로 그때, 내조한 왕들 가운데 한 사람이 울기 시작하였다. 무제가 괴이하게 여겨 그 연유를 캐묻자 그는 이렇

8) 기원전 154년에 일어났던 '오초칠국吳楚七國의 난'을 가리킨다. 반란이 진압된 이후로 동성 제후의 세력이 약화되고, 중앙 정부의 권한이 강화되는 계기가 되었다.
9) 중국에서 연호年號를 사용하기 시작한 것은 한 무제 때부터이다. 무제는 즉위한 다음 해인 기원전 140년을 건원 원년으로 삼았고, 그 후로 십여 차례 연호를 바꾸는 개원改元을 행하였다.

게 대답했다.

"심히 구박만 받고 있는 자는, 구슬픈 음악 소리를 들으면 절로 눈물이 흐른다고 합니다. 지금 신들의 처지 또한 그러하옵니다."

이런 처지에 놓여 있던 황자들에 비하여 황녀들은 대단히 자유스러웠다. 우선 황녀들은 모두 장안에 거주하였다. 도읍에 거주하는 황족이라면 황태자를 제외하고는 오직 그녀들뿐이었다. 중국에서는 여성이 황제가 되는 '여제女帝'의 관습이 없었던 탓에 그들 자신이 제위에 오를 가능성이 없었으므로 그만큼 처지가 자유로웠고, 그런 자유로운 입장을 활용하여 정치에 참여할 수 있었다. 또한 남성이 드나들 수 없는 궁중에까지 자유롭게 출입하면서 막후에서 정치를 움직일 수가 있었다. 자연히 벼슬을 하려고 엽관獵官을 일삼는 이들이 그 문전으로 모여들었다. 골치 아픈 사건이 일어나면 적당히 무마해 달라는 청탁도 들어왔다. 또한 사방 곳곳에서 청탁을 위한 선물들이 산더미처럼 밀려들었다.

황녀들은 강가降嫁[10]해서 저마다 남편을 두고 있었다. 그러나 남편이란 작자들은 대개가 제후의 자식들로

10)황족의 딸이 신하의 집안으로 시집가는 일.

멍청한 인간들이어서 이내 부인들에게 찍소리도 하지 못하였다. 그녀들에게 남편이란 한낱 허울뿐이었고, 따로 미소년을 애인으로 두기도 하였다. 그 밖에도 자신들의 권력과 재력을 배경으로 온갖 일을 행하였다. 더욱이 당시 제위에 있는 천자의 존속일 경우에는 그 위세가 한층 더하였다.

무제의 고모이자 장모이기도 했던 관도 장공주 역시 그런 황녀 가운데 한 사람이었다. 그녀의 말 한마디로 이미 책봉된 황태자를 갈아세웠을 뿐만이 아니라, 무제의 숙부인 양梁나라 효왕孝王의 모반이 유야무야 수습되어 원만하게 처리되었던 일도 그녀의 주선에 의한 것이었다. 그녀 또한 동언董偃이라는 미소년을 사랑하였던 사실은 나중에 다시 이야기하겠다.

이와 같은 여걸이 고모일 뿐만 아니라 장모로서 황후의 곁에 있다는 사실이 무제에게는 애초부터 썩 달갑지 않은 일이었다.

그뿐만이 아니었다. 황후와 황후 모친의 배후에는 훨씬 더 강대한 또 하나의 권력이 무게를 잡고 버티고 있었다. 이 인물이야말로 제위에 갓 즉위하여 경험이 일천했던, 스무 살 전후의 천자에게는 누구보다도 골치 아픈 상대였다.

바로 무제의 조모인 두 태후寶太后였다.

5.

두 태후는 무제의 조부인 문제文帝의 황후로 매우 잔소리가 많은 할머니였다.

그녀의 출신은 몹시 미천하였다. 처음에는 증조부 고조高祖의 황후인 여 태후呂太后의 시녀였다. 궁중의 시녀들을 사방의 여러 제후왕에게 하사할 즈음에 이 여인은 당시 '대代'로 불리던 산서성山西省 북방의 소도읍 왕이었던 문제에게 내려졌다. 그녀는 하북성河北省 남부에 있는 청하淸河라는 지방이 고향이었던 까닭에 그곳을 다스리던 왕에게 보내지기를 원했었다. 그래서 미리 담당 관리에게 부탁까지 해두었으나, 그 관리가 그녀의 간곡한 당부도 잊어버리고 대왕代王에게로 보내고 말았다. 눈물을 흘리며 대 지방으로 갔던 여인은, 오히려 대왕의 총애를 입어서 왕자와 왕녀를 한 명씩 낳았다.

그러는 동안에 수도 장안에서는 황제의 후사가 끊어지고 이에 대왕을 맞아들여 황제로 옹립하였다. 바로

고금을 통하여 명군名君이라 일컬어지는 문제이다. 이
윽고 문제가 세상을 떠나자, 이 여인이 낳은 황자가 제
위에 올랐다. 이 또한 명군明君으로 일컬어지는 경제이
다.[11] 그리하여 이 여인은 황태후가 되었다. 이제 그 경
제가 승하하고 손자인 무제가 뒤를 이으니, 여인은 태
황태후太皇太后가 되었다. 그런데 손자인 무제는 겨우
열여섯 살의 소년이었다. 할머니는 손자가 하는 일이
너무 염려되어서 견딜 수가 없었다. 그래서 이것저것
온갖 잔소리를 해대며 간섭하였다.

손자가 하는 일을 할머니가 염려하는 것은 단지 손자
나이가 어린 탓만은 아니었다. 이 손자는 새로운 유행을
너무나 좋아하였다. 무엇보다 첫째로 유학儒學에 흥미
를 보이는 것 같았고, 할머니는 그 점이 영 맞갖지 않았
다. 마음에 마땅찮을 뿐만 아니라 심히 우려스러웠다.

6.

요즘 사람들은 '유학'이라는 말만 들어도 어딘가 꽉

---

11)한나라는 이 두 황제의 치세에 이르러 '문경지치文景之治'라는 안정기를 맞이한
다.

막히고 진부한 그 무엇을 떠올릴 것이다. 하지만 한나
라 시대에는 유학이 가장 문화적인 사상이었다. 유학은
우선 인간의 생활에는 이상적인 법칙이 없으면 안 된다
고 주장하는 점에서 이상주의였다. 그리고 그러한 법
칙은 과거의 사례에서 찾아내야 한다고, 요컨대 윤리는
역사로부터 도출해내야 한다고 주장하고, 그 결과 독서
를 존중하는 점에서는 지식주의知識主義였다. 또한 그
러한 이상적인 생활에는 균제미均齊美를 갖춘 아름다운
형식이 없어서는 안 된다고 하여 '예악禮樂'의 필요성을
주장하는 점에서는 문화주의이며 예술주의였다. 아울
러 그러한 이상적인 생활을 가능케 하는 원인을 인간의
선의에서 구하는 한편 초자연적 대상에 대한 신앙에 반
발했다는 점에서는 인간중심주의이며 합리주의였다.
그것은 무제보다도 400년 앞선 시대의 공자孔子가 집대
성한 학설이었다.

　그런데 이러한 유학의 전통을 단절시키고, 억압을 가
했던 것은 무제보다 100년 앞선 진秦나라 시황제始皇帝
의 파시즘이었다. 강도 높은 통제로써 정치적 억압을
강행했던 진시황의 제국에서는 유학이 내세우는 이상
주의와 문화주의는, 현실과는 거리가 먼 유해한 사상으

로 간주되어 참혹한 박해를 당했다. 유학의 서적은 불태워지고 유자儒者들은 생매장당했으며[12], 예악은 붕괴하여버렸다.

진시황의 대제국을 멸망시키고 그 광대한 판도를 상속한 이가 무제의 증조부, 곧 한나라 고조였지만, 한나라 제국에 이르러서도 유학은 한동안 무용지물이었다. 한 제국의 창업은 오로지 무력에 의한 것이었으며, 따라서 존중된 것은 현실적인 무력이었다. 고조 자신이 농민의 아들에서 발신發身하여 황제가 되었을 뿐만 아니라, 고조를 둘러싼 창업의 공신들도 푸줏간 백정 출신이거나, 포목점 출신이거나, 고을의 말단 관리 출신들이었다. 따라서 지식에 대한 존경의 염이 부족한 편이었다. 유자들이 호감을 품고서 고조를 찾아오면, 고조는 그들이 쓴 관을 벗겨버린 뒤에 그 안에다 소변을 보았다.

---

12)진시황 34년인 기원전 213년에 분서焚書가 행해졌으며, 이듬해인 기원전 212년에 갱유坑儒 사건이 일어난다.

7.

하지만 인간의 지식에 대한 욕망, 문화에 대한 욕망은 흐르는 물과 같이 보편적이라 하겠다. 살벌한 시대가 지나고 나면 그와 같은 인간의 욕망이 뭉실뭉실 되살아나게 마련인 것이 동서고금을 막론한 불변의 법칙이다.

진 제국의 상속자로, 대체적인 정치 체제는 진나라의 것을 답습하면서 한층 더 교묘하게 이를 수정했던 한 제국은 고조의 뒤를 이어 문제·경제라는 두 명군을 배출하면서 이미 반세기 이상 평화를 지속하였다. 그 결과 자연히 지식에 대한 욕망이 점점 커지지 않을 수 없었다. 그런데 지식이 풍부하기로는 누가 뭐라 해도 책 읽기에 열심인 유학자들이 으뜸이었다. 또한 태평성대가 지속되고 아울러 사람들의 감정 또한 차츰 세련되지자 지나치게 현실적인 한나라의 제도는 어딘가 모르게 조화를 이루지 못하고 서로 어울리지 않은 듯 느껴졌다. 유자들이 주장하는 문화적인 '예악'의 생활에 마음이 끌리지 않을 수 없었다. 이리하여 유자의 세력은 점차 천자가 기거하는 장안의 조정에, 그리고 지방의 여러 왕들의 관저에 학문을 담당하는 관리로 자리를 잡게 되었다. 그러한 유자들은 '박사博士'라고 불렸다.

열여섯 나이에 제위에 오른 무제는 등극하기 전에 이미 그들 '박사'에게서 유학적인 훈도薰陶를 받고 있었다.

8.

하지만 무제의 할머니 두 태후는 무엇보다도 유학을 싫어하였다.

그렇다 해서 두 태후가 전혀 무학이었던 것은 아니었다. 그녀가 좋아하는 책들은 따로 있었다. 황제黃帝와 노자老子의 설을 기록한 책들이었다.

'황제黃帝'는 중국 최초의 황제로 전해지는 제왕으로, 오늘날로 말하면 전설에나 등장하는 존재이다. '노자'라는 인물은 말할 것도 없이 공자와 동시대를 살았던 철학자이다. 두 태후가 좋아했다는 황제와 노자의 책이 어떤 내용이었는지는 자세히 알 수가 없다. 하지만 유가의 학설이 이상을 향해 치닫는 데에 반하여, 이들은 아마도 현실을 중시하고, 더 나아가 권모술수까지도 중시하는 경향을 띠지 않았을까 추측된다. 초대 천자 고조의 참모였던 진평陳平 등의 인물도 황제와 노자의 술術을 좋아했다고 전한다. 이것은 에도江戶시대 초기의 무사武士들이 어떤 종류의 병서를 열심히 읽었다는 사실을 비교해 생각하게 한다. [13] 학문이란 그 정도쯤이면 충분하였다. 유학 따위는 한가한 사람의 심심풀이 혹은 어리석은 짓일 뿐이라고, 그 옛날 고조의 궁중에서 시녀로 지냈던 두 태후는 그렇게 생각하였다. 아들인 경제에게도 『노자』를 읽게 하였다. 친정의 일족 모두에게도 강제로 읽게끔 하였다. 읽지 않았다가는 두 태후의 총애를 잃을 수도 있었다.

그러나 아들인 경제의 조정에도 이미 유자가 있었다. 『시경詩經』을 전공한 학자로 원고생轅固生이라는 이가 박사로 출사하고 있었다. 어느 날 박사가 황태후의 처소에 불려 들어가 『노자』라는 책에 대해서 하문을 받게 되었다. 박사는 냉정하게 대답하였다.

"『노자』를 말씀하십니까? 그런 책 따위는 노비들이나 읽는 책입니다."

박사의 대답을 들은 황태후는 격노했다.

"너희가 읽고 있는 유학의 책이야말로 몹시도 번잡한, 궤변투성이의 주장이 아니냐!"

박사는 실언을 범한 죄로 멧돼지 우리 속에 갇혔다.

---

13)에도시대 무사들이 『손자병법』과 같은 병서를 널리 읽었다는 사실을 가리킨다.

황제인 경제도 유자는 그다지 좋아하지는 않았지만, 아무래도 가엾다는 생각이 들어, 박사가 우리 안에 갇혀 있을 적에 모후의 눈을 피해 창을 건네주었다. 강기剛氣가 있던 박사는 창으로 단번에 멧돼지의 심장을 찔러 목숨을 부지할 수 있었다. 황태후 역시도 더 이상의 형벌을 주려고 하지는 않았다.

9.

이렇듯 섬뜩한 일화까지도 생겨날 정도로 유학을 싫어했던 두 태후였다. 한편으로 이러한 일화는 이 여인의 기질이 얼마나 드세었는지를 잘 말해주고 있다.

그런데 이번에 천자의 자리에 오른 어린 손자는 그런 자기 뜻에 반하여 어쩐지 유학에 꽤나 깊이 물들어버린 것 같았다. 손자가 천자에 등극하고서 가장 먼저 했던 일이 무엇인가? 그것은 다름 아닌 유자들을 극진하게 대우하여 조정으로 초빙하는 일이었다. 제일 처음 불러들인 이는 문사文士 매승枚乘이었다. 문사를 가장 먼저 초빙한 까닭은 당시 유학에서는 미문美文을 짓는 것을 유학적 실천의 불가결한 요소로 인식하였기 때문이지만, 기껏 문사 나부랭이를 위해 요란스럽게 바퀴를 부들 풀로 씌운 안거安車라는 특제 수레까지 부러 준비했다지 않는가. 행인지 불행인지 그 매승이라는 작자는 마련해준 수레를 타고서 장안으로 오는 도중에 병이 나서 죽었다고 하여 잘 되었다 싶었더니, 이번에는 다시 노魯 지방 출신의 『시경』 박사 신공申公이란 작자를 역시 '안거포륜安車蒲輪'14)에 태워서 맞이한다고 한다.

　참으로 요사이 젊은 애들은 무슨 짓을 하는 건지 알 수가 없다. 위험하기가 짝이 없다. 도대체가 유자라는 자들은 희끄무레한 서생書生 상판을 하고 있지 않으면, 고집불통의 벽창호들이다. 이러나저러나 태도가 시건방지기 짝이 없다. 바로 그런 이유로 돌아가신 전대의 경제 때에도 저 원고생인지 뭔지 하는 유자를 내 자신이 호되게 혼내주었던 것이다. 전전대前前代인 문제, 자신이 지아비로 섬겼던 문제는 그렇게도 점잖은 인품이어서, 비록 분명하게 말한 적은 없었지만 아무래도 유자를 싫어하셨던 모양이다. 언젠가 가의賈誼라는 젊은 애가 대단한 수재라고들 해서 미앙궁未央宮의 선실宣室15)에서

14) '바퀴를 부들 풀로 씌워 편안하게 탈 수 있는 안거'라는 뜻으로 『한서』 「유림전儒林傳」에 나오는 말이다.

15) 제왕이 거처하는 정실正室을 뜻하는데, 여기서는 미앙궁의 선실전宣室殿을 가리킨다.

배알케 했더니, '좀 더 문화적인 정치를 펼치십시오'라고 하지 않나, 아이구나 '역曆을 바꿔야 한다'느니 '복색服色을 바꿔야 한다'는 등 온갖 방자한 요구를 늘어놓았던 모양인데, 나중에 문제는 이렇게 말씀하셨다.

"저들 무리가 하는 말이 너무도 고매해서 나로서는 할 수가 없다."

전전대 그리고 전대의 황제들이 그런 태도로 나왔던 것은 분명한 생각이 있었다는 의미이다. 한나라에는 한나라 나름의 관례라는 것이 있다. 함부로 손을 대서는 나라가 망할 수도 있는 중대사라고 생각했다.

그런 점에서 한나라를 막 개창했을 무렵에 인간 군상들은 믿음직스러웠다. 여呂 태후의 처소에 있었던 나는 초대 고조 황제를 지근거리에서 섬기던 대신이나 장수들을 멀리서나마 본 적이 있었는데, 그토록 사내다울 수가 없었다.

이를테면 조참曹參인가 하는 승상은 매일 술만 퍼마시고는 아무 일도 하지 않았다. 경대부卿大夫 이하 관리들이 어떤 의견을 제시하러 찾아오면, '자아, 자네도 한잔 들게나' 하는 말만 하고서 달리 아무 이야기도 하지 않았다. 그의 아래 하급 관리들 역시 모두 하나같이 모주꾼들이었다. 언젠가 하급 관리들의 숙소가 너무 시끄러워서 수행하는 관리가 승상을 모시고 가서는, '자 보시지요, 저런 몰골들입니다'라고 말하자, 승상은 도리어 '거참, 재미있겠구나' 하면서 함께 떠들며 소란을 피웠다든가 했었지.

그것이 다름 아닌 노자의 무위無爲의 도라는 것이다. 당시 사람들은 '무위의 도'를 잘 알고 있었던 것이다. 그런데 요즈음 젊은 것들은……

두 태후는 나이가 이미 일흔을 넘기고 있었다. 게다가 두 눈이 멀었다고는 하나 정신은 말짱하였다. 결국 할머니는 젊은 손자의 정치를 엄격하게 감시해야 할 필요성을 느꼈다.

손자에 대한 그런 감시 역할을 맡길 안성맞춤의 인물이 있었다. 다름 아닌 무제 황후의 생모인 관도 장공주였다. 이 장공주는 무제의 선친인 경제와 더불어 두 태후 자신이 산고를 겪으며 낳은 친자식이었다.

그렇다면 진 황후의 뒷배를 봐주는 이로는 고모인 장공주만 있는 것이 아니었다. 구세력의 우두머리이자 또한 당대 제일의 권세가라 할 두 태후가 다시 장공주의 막후에 있었다. 다시 말해 그렇게 연결된 구세력의 최선봉으로, 마음속에 새로운 정책을 펼칠 포부를 품은 무제 곁에 정처正妻로 버티고 있었던 셈이다. 게다가 이 본처는 자존심이 세고 시새움이 이만저만이 아니었다.

사정이 이러니 젊은 황제와 황후의 관계는 무척이나 미묘했음에 틀림이 없다.

10.

두 태후를 구심점으로 삼는 구세력과 젊은 황제를 중심으로 하는 신세력의 충돌은 황제가 즉위한 다음다음 해에 어느새 폭발하였다.

부제父帝가 승하한 뒤를 이어 무제가 즉위했을 적의 승상, 곧 총리는 무제가 황태자였을 무렵의 태자태부太子太傅[16]였던 위관衛綰이었는데, 그는 신병을 이유로 곧바로 사직하였다. 그 뒤를 이어 승상이 되었던 이는 두 태후의 먼 친척 조카인 두영竇嬰이었다. 또한 군정軍政 담당 대신인 태위太尉에는, 무제의 모친인 왕王 태후의 동생인 전분田蚡이 기용되었다. 요컨대 소년 천자는 한 사람은 할머니 쪽, 다른 한 사람은 어머니 쪽 아저씨들

---

16) 황태자의 교육을 맡아보던 벼슬.

틈에 끼어 있었다.

그렇지만 그 두 아저씨는 결코 구파舊派라고는 할 수 없었고, 차라리 신파新派였다고 하겠다. 두영은 두 태후의 일족이므로 따라서 억지로 『노자』를 읽기는 했지만, 실제로는 유학을 좋아하였다. 전분 또한 유학을 좋아했으며, 더욱이 두 사람 모두 유학을 좋아하는 연장선상에서 미문美文의 애호가이도 하였다. 문화에 대한 동경은, 두 태후의 반대에도 불구하고 장안의 상류층 귀족사이에서 이미 보편화되고 있었다.

그런데 유학을 좋아하는 이 대신 두 명은 곧바로 유자 두 사람을 대신 자리에 임명하였다. 검찰총장 겸 부총리에 해당하는 어사대부御史大夫에 임명된 조관趙綰, 경호실장에 해당하는 낭중령郎中令에 기용된 왕장王臧이 바로 그들이다. 이 두 사람은 『시경』의 대가인 노나라 신공申公의 제자들로, 말하자면 전문적인 유자였다.

국정을 다루는 대신의 지위에 오른 교수 출신 그룹은 이내 건의문을 제출하였다.

"유가의 가르침에 따라 천자가 천신天神과 조상들에게 동시에 제사를 올리는 시설로 명당明堂을 세워야 합니다. 열후列侯들 중에 자신들의 봉지封地로 가지 않고서 국도國都에서 빈둥빈둥 지내고 있는 자들은 모처럼 영지를 하사 받았으면서도 명실名實이 상부하지 않은 경우이므로 불합리한 경우입니다. 또한 그것은 고대의 제도와도 합치하지 않습니다. 고대의 제도는 모두가 올바른 것입니다. 그것과 합치하지 않는 것은 더더욱 불합리합니다. 당연히 모두 자기 영지로 돌려보낸 뒤에 정기적으로 내조來朝하도록 하여 명당에서 천자를 알현케 해야 합니다. 그것이 고대 주周 왕조의 제도이므로 그대로 시행해야 합니다. 또한 친등親等[17]의 차이에 따라 상복 입는 기간과 상복 재료에 세세한 차별을 두는 것이 유가의 학설이며, 그것은 동족 간의 질서, 나아가서는 인류의 질서를 올바로 유지하기 위한 필수적 행위입니다. 이 또한 학설대로 시행해야 합니다. 그리고 두 태후의 친족 중에는 상당히 난폭한 자가 있는데, 황실의 족적族籍에서 제명해야 합니다."

이렇듯 이상에 치우쳐 현실과는 동떨어진, 과격한 주장에 대해 반격의 불길이 타오르지 않을 리가 없었다.

17) 친척 관계의 멀고 가까움을 따지는 등급.

반격의 불길은 사방에서 솟아올랐다. 그 급선봉에 나선 것이 아니나 다를까 황녀들이었다. 왜냐하면 그녀들은 모두 제후에게 강가降嫁한 처지였기 때문이었다. 따라서 제후가 자기 영지로 돌아가게 되면 그녀들도 모두 도읍인 장안을 떠나야만 하는 것이다. 반대 의견은 매일같이 두 태후의 처소로 답지하였다. 이것이 무제가 즉위한 이듬해, 곧 건원 원년에 일어난 일이다.

11.

이듬해인 건원 2년, 이들 교수 그룹은 어이없게 실각하고 말았다. 어사대부 조관이 종래에 두 태후에게까지 정무를 보고해오던 관례를 중지하고서 황제가 직접 통치하는 완전한 친정親政 체제로 복귀하자고 건의하였기 때문이다.

이에 두 태후는 격노하였다.

"다시 신원평新垣平의 꼴이 되겠다는 것이야!"

신원평이란 인물은 전전대인 문제 시대에 거짓으로 상주上奏하였다가 처형당한 도사였다.

세상 물정에 어두운 이 서생書生 둘은 곧장 조정에서

쫓겨났고, 승상 두영과 태위 전분도 모두 면직되었다. 특히 두영은 태후의 조카였는데, 태후는 자신의 집안에서 이런 분별없는 자가 나왔다는 사실에 매우 섭섭해하였다.

이리하여 새로운 세력은 한동안 숨어서 때가 오기를 기다려야만 했다. 무제는 영웅적인 군주였으나, 아직은 뭐라고 해도 열여덟 소년이었다. 할머니의 강압 앞에서는 어찌할 도리가 없었던 것이다.

이 사건으로 인해 진 황후와의 부부 사이도 한층 더 서먹서먹해졌음은 말할 나위도 없었다.

엎친 데 덮친다고 이들 부부 사이에는 아무리 애써도 아이가 생기지 않았다. 후사인 아들이 없다는 것만큼 황후의 지위를 보전하는 데에 불리한 일은 없었다. 초조하여 애가 마르던 황후는 잇달아 의원들에게 처방을 받았다. 그녀가 의원들에게 지불한 사례금이 총 9천만 냥에 달했다고, 저소손褚少孫[18]이 보필補筆한 『사기보史記補』에서 밝히고 있을 정도였다.

---

18)생몰년도 미상. 전한 시대 선제宣帝 때 박사로 등용되었는데, 사마천이 죽은 뒤에 『사기』에 누락된 부분이 있어, 원제元帝·성제成帝 연간에 이를 수집·보충하여 『사기보』라는 저술을 남겼으나 그리 높은 평가를 받지는 못하였다. 당나라 시대 서예로 유명한 저수량褚遂良의 조상이다.

황후는 더욱더 히스테리가 심해졌고, 그럴수록 무제는 점점 그녀에게 심드렁해져 갔음이 틀림없다.

황제 부부의 이러한 상황을 잠자코 지켜보면서 어린 황제에게 동정의 마음을 금치 못하던, 또 한 명의 여성이 있었다.

바로 무제의 친누나인 평양平陽공주였다.

12.

무제의 생모는 왕王 황후라고 한다. 무제 외에도 세 명의 황녀를 낳았는데, 그중 첫째가 평양공주였다.

이 황녀 역시 그다지 조신한 여성이 아니었음은 훗날의 행실이 여실히 보여주지만, 황녀는 동생 무제의 처지를 가엾게 여기면서 한편으로 남몰래 속을 태웠다. 언제까지나 황자가 태어나지 않는다면 참으로 큰일이었다.

평양공주는 계집종을 여러 명 사들여서 자기 처소에서 부리고 있었다.

때는 건원 2년으로, 황제를 둘러싼 급진파 세력이 두 태후가 한번 쏘아보자 실각해버렸던, 무제 나이 열여덟

되던 해의 일이었다. 장안의 동쪽 교외를 흐르는 패수
覇水 기슭에서 계제사禊祭祀[19]를 드리고 돌아가는 길에
누이 평양공주의 처소에 들렀다. 황녀는 미리 준비해둔
계집종들을 황제에게 알현시켰으나, 황제는 그 누구도
마음에 들어 하지 않았다.

이윽고 주연이 벌어지고 가희歌姬들이 줄지어 등장했
다. 그러자 황제의 시선은 온통 한 가희에게로 쏠려있
었다. 그 가희의 이름은 위자부衛子夫였는데, 황녀 처소
의 시녀인 위온衛媼—곧 위씨 어멈이라는 여인이 낳은
사생아였다. 생부가 누구인지 확실치 않았던 탓에 생모
의 성을 그대로 따라 자신의 성으로 삼아 위자부로 불
렸다.

별안간 천자가 일어나 측간으로 향했고, 그 뒤를 위
자부가 시중을 들려고 따라갔는데, 그곳에서 위자부는
천자의 사랑을 받았다. 『한서』「외척전外戚傳」에는 '헌중
軒中에서 사랑을 얻었다'[20]라고 기록하고 있다. '헌중'이
란 어디를 말하는 것일까? 고주古註에서는 칸막이를 한
수레 안이라고 보았으나, 어딘지 어색하다. 친구이자

---

19) 액운을 떨어버리기 위하여 물가에서 지내는 제사.
20) 원문은 '헌중득행軒中得幸'으로 되어 있는데, '행幸'은 임금이 사랑한다는 뜻이다.

중국 문학 연구자인 다카기 마사카즈高木正一의 견해로는 '헌軒'은 곧 측간[21]을 가리킨다고 보는 편이 옳다고 하겠다. 후한後漢 말기에 나온 사전 『석명釋名』에 '측간(측厠)을 달리 헌軒이라고도 한다'라는 것이 그 증거이다.

무제의 품 안에서 나불나불 풀어 내린 여인의 머리카락의 찰진 윤기는 마치 거울과도 같아서, 그것이 더욱더 황제의 가슴을 미치도록 뛰게 하였다고 한다. 아무튼 자리로 돌아온 무제는 기분이 매우 좋았다. 황녀가 가희를 동생에게 바쳐 궁중에 들이겠다고 하자, 무제는 황금 1천 근을 누이에게 하사하며 감사의 뜻을 표하였다.

궁중으로 돌아가는 무제를 호종扈從[22]하여 위자부가 수레에 오르자, 황녀는 그녀의 등을 가볍게 다독이면서 말했다.

"잘 가거라. 모쪼록 몸조심하고 잘 지내거라. 귀하신 몸이 되더라도 나를 잊지는 말거라."

무제에게는 거의 종신토록 반려자가 되었던 두 번째 황후인 위衛 황후의 입신立身은 이렇게 시작되었다.

---

21)이 시기의 '측간'은 욕조와 간이 휴식용 침대까지도 갖춘 장소였다고 한다.
22)천자의 수레를 호위하여 따르는 것을 가리킨다.

13.

궁중에 들어온 위자부에게 행복이 곧장 찾아든 것은 아니었다. 곧잘 잊어버리는 무제는 1년이 지나도록 그녀의 존재를 망각하고 있었다. 어쩌면 강샘을 부리는 진 황후가 두 사람 사이를 갈라놓았던 것인지도 모른다. 그러던 중에 궁중 시녀들에 대한 인원 정리가 행해지게 되었다.[23] 이 일 또한 진 황후가 막후에서 획책한 것일지도 모른다. 그러자 위자부는 자진해서 황제에게 알현을 청하여 말했다.

"신첩도 고향으로 돌아갈 수 있게끔 해주십시오."

그녀의 볼을 타고서 눈물이 흘러내렸다. 황제는 가엾게 여겨서 다시 그녀를 사랑하였다. 황제의 사랑을 받은 그녀는 임신하게 되었다. 맨 처음 태어난 것은 황녀였으며, 그 뒤로도 잇달아 세 명의 황녀를 낳았다.

화가 치민 것은 정처인 진 황후였다. 질투가 불길처럼 타올랐다.

그러나 당시 진 황후의 세도는 이미 예전만 같지 못했다. 황후의 최대의 후원자였던 할머니 두 태후는 위자부가 둘째인가 셋째 황녀를 낳았을 무렵에 이미 세상

---

23)오래도록 선택받지 못한 궁녀들을 궁중에서 민가로 돌려보내는 것을 말한다.

을 떠나버렸기 때문이다.

14.

할머니 두 태후가 세상을 떠난 것은 무제가 스물두 살 되던 해인 건원 6년 5월이었다.

이 사건을 기화로 무제의 정치는 일대 전기를 맞이하게 된다.

우선 황태후가 세상을 떠난 그해 가을에 벌써 중국 남방의 복건福建으로 원정군이 파견되었다. 머잖은 훗날 사방으로 파견될 원정군의 시작이었다. 다음 해인 원광元光 원년에는 유학을 공부한 문사들이 대거 등용되었다. 이른바 인재 발탁의 시작이었다. 그리고 이태후인 원광 2년에는 옹현雍縣에 있는 천신天神을 모시는 제장祭場[24]에서 교사郊祀를 지내기 위해 행행行幸하였다. 귀신에게 제사 지내는 신사神事의 시작이었다. 자유를 얻게 된 청년 천자는 자유로이 자신의 문화 정책을 펼치기 시작하였다.

---

24)옹현의 남쪽에 있는 '오치五畤'를 말한다. '오치'는 동·서·남·북·중앙의 신에게 제사드리는 장소라는 뜻.

단지 정책을 실행하는 데에만 그치지 않았다. 궁중 안에서도 훨씬 더 자유롭게 행동하였다. 예전처럼 황후의 눈치를 살펴야 할 필요도 없었다. 장모인 동시에 고모인 관도 장공주가 여전히 건재했고, 변함없이 치맛바람을 휘날리고는 있었다. 게다가 두 태후의 개인 내탕금內帑金을 고스란히 상속한 것도 바로 이 고모였다. 하지만 두 태후가 세상을 떠나고 보니, 고모도 결국 조모 두 태후가 있어야만 힘을 쓰는 존재에 지나지 않았던 것이다.

그렇다고 외척 세력이 조정에서 완전히 제거된 것은 아니었다. 두 태후가 죽자 친정인 두씨寶氏 일족은 급격히 세력이 기울기는 했지만, 그 뒤를 이어 한동안 세력을 떨친 것이 무제의 모친 왕王 태후의 일족이었다. 특히 그 구심점이 되었던 인물이 왕 태후의 동생으로, 앞서 두 태후가 살아 있을 당시 유학을 애호한다는 이유로 미운털이 박혀서 면직 처분되었던 전분이었다. 본래 전분은 왕 태후의 동생이기는 하지만, 왕 태후와는 이부異父의 남매 사이였다. 왕 태후의 모친이 그녀를 낳고서 과부로 지내다가 다른 곳으로 재가해서 낳은 동생이 바로 전분이었다. 관계가 복잡한 외삼촌이었지만 무제 모친의 동생임에는 틀림이 없었다.

　그렇게 무섭던 할머니 두 태후가 세상을 떠나자, 얼씨구나 하고서 이 외삼촌 전분이라는 인물이 활개를 치며 승상의 자리에 올랐다. 비록 유학과 문학을 애호한다지만 출신이 좋지 않았던 탓인지 몹시 왜소한 용모였다. 그런 주제에 한없이 잘났다고 우쭐대는 성격이었다. "천자는 아직 어리고 지방의 여러 제후왕들 가운데 불령지도不逞之徒[25]가 있으므로, 황제를 보필하는 우리 신하된 자가 위엄을 갖추지 않으면 안 된다"라고 하면서, 대저택을 지었는데 집의 뒤채에는 부녀자가 백 명을 넘었으며, 이곳저곳에 전답을 사들였다. 자기 형이 만나러 왔는데도 자신은 동향東向[26]으로 상좌에 앉았다. 자신은 대한제국大漢帝國의 승상이므로 사적인 관계때문에 공적 지위를 무시하여 자신을 굽힐 수는 없다는 것이었다.

　전분은 어느 때에 무제 앞에 나와서 이렇게 아뢰었다. "저 고공실考工室[27]의 부지에 대해서인데, 그곳을 제게 주시면 제 집터를 늘리고자 합니다."

---

25)나라의 법이나 기율에 따르지 않고 반항하며 제 마음대로 행동하는 무리.
26)옛날에는 동쪽을 높은 자리로 여겼다.
27)여러 도구나 공구를 제작하는 부서.

"외숙께서는 이렇게 하는 것이 어떨까요! 하시는 김에 무기고 부지까지 다 가져가시지요."

무제는 이제 그렇게 비양조로 말할 정도의 나이에 도달해 있었다.

또한 인사 문제에 관한 주문奏聞은 항상 한나절 이상 걸려 저녁까지 이어졌다. 이에 싫증이 난 무제는 이렇게 말했다.

"외숙이 임명할 관리는 그 정도면 되겠군요. 그럼 나도 좀 관리를 임명해보아야겠어요."

영특하고 뛰어난 천자는 마음속으로 비웃고 있었음이 틀림없다. "이제 조금만 더 참자. 어디 두고 보자."

그런데 이 외숙이자 재상인 전분도 4년 뒤인, 무제가 스물여섯 살 때 죽고 말았다. 자신의 옛 동료이자 두 태후의 조카인 두영과 불화를 일으켜 억지를 써서 그를 죽음으로 몰아넣었는데, 그 원귀에게 동티가 나서 죽었다는 소문이 항간에 떠돌았다.

어찌 되었든, 무제를 에워싸고 있던 근친 세력은 이로써 완전히 사라지게 되었다. 무제는 바야흐로 자신의 정치적 능력, 군사적 수완을 거침없이 펼칠 기회를 맞이하였다. 또한 사랑하고픈 여인을 마음대로 사랑해도 아무 상관이 없었다.

이리하여 새로운 애인 위자부는 잇달아 세 명의 황녀를 낳았고, 정처인 진 황후는 더욱더 안절부절못하게 되었다.

15.

이성을 잃은 황후는 모친인 관도 장공주와 몰래 짜고서, 복수를 위해 비상 수단을 강구하였다.

진 황후의 라이벌 위자부에게는 남동생이 하나 있었다. 위청衛青이라는 이름의 청년이었다. 같은 생모가 낳은 사생아로, 장성한 뒤에는 생모가 시녀로 모셨던 평양공주를 섬기면서 그녀가 외출할 적에 호위병 노릇을 하다가, 이윽고 무제의 이궁離宮 건장궁建章宮의 사인舍人으로 근무하고 있었다.

황후와 그녀의 모친은 사람을 시켜 이 청년을 포박하여, 관도 장공주의 사저로 끌고 와서 죽이려고 하였다. 그의 누이 위자부에 대한 분풀이였다.

그때 위청의 친구인 공손오公孫敖라는 이가 장사 몇 사람을 데리고 몰려가서 힘을 합해 위청을 구출했다.

위청은 다행히 목숨을 건질 수 있었다.

그런데 이 사건에 대한 무제의 조치는 매우 얄궂은 것이었다.

위청이 황제의 부름을 받고 앞에 나아가자 그 자리에서 건장궁 소속의 시종무관으로 임명되었다. 단지 위청뿐만이 아니라, 위청의 일족은 모두 생모인 위온衛媼이 여러 사내와 어울려 낳은 복잡한 자식들이었지만, 그들 모두가 작위를 받았다.

이 일은 지극히 명료하게, 한 가지 사실을 말해주고 있다. 요컨대 이제 무제는 더이상 그 누구에게도 속박받지 않는 환경과 나이에 있다는 사실이었다. 단지 사랑하고픈 여인을 자유롭게 사랑하겠다는 정도만이 아니었다. 자신이 발탁하고자 하는 인재를 맘껏 발탁하겠다는 점을 분명히 보여주었다.

더욱이 위청의 발탁은 사랑하는 여인 위자부의 동생이라는 사사로운 은혜에 얽힌 일만은 아니었다. 이 청년이야말로 훗날 수차례에 걸친 흉노匈奴 정벌의 총지휘관이 되어서, 무제가 통치하는 한 제국의 위력을 북방에 떨치게 되는 대장군 위청, 바로 그였던 것이다.

정당치 않은 결혼에서 태어난 사생아는 왕왕 출중한

미모와 재능을 갖춘다. 무제는 위청의 누이 위자부의 육체에 응결된 그 무엇이 또 다른 형태로, 이 위남자偉 男子 위청에게도 응결되어 있음을 꿰뚫어보았던 것이라 하겠다. 인재의 발탁은 본래 무제가 가장 자신 있어 하 는 바였지만 위청을 발탁한 일이야말로 특히 성공한 사 례였음은 다음에 이어지는 2장에서 이야기하겠다.

이렇듯 가문의 영광에 힘입어 위자부는 더욱더 황제 의 사랑을 독차지한 데에 반하여, 소꿉동무 본처인 진 황후는 점점 더 실의의 나락으로 빠져들었다.

16.

진 황후가 결국 황후의 자리에서 물러나게 된 것은 무제가 즉위한 지 12년째인 원광 5년이었다. 곧 황제의 외숙이자 승상이었던 전분이 원귀의 앙화를 입어 죽음 으로써 무제를 에워싸고 있던 구세력이 완전히 소멸되 었던, 바로 그 이듬해였다.

사건의 자초지종은 대략 이러했다.

황후가 무고巫蠱의 사술을 써서 황제를 저주하고 있 다는 소문이 먼저 나돌았다. '무고'란 오동나무 인형을 땅속에 묻어놓고서 사람을 저주하는 요술이었다. 여러 세력이 부침을 거듭하던 궁중에서는 이런 소문이 언제나 나돌게 마련이다. 실제로 그런 일이 있었는지 아닌지는 그다지 문제가 안 된다. 소문의 주인공은 소문 자체만으로 대개는 실각하는 법이었다.

무제는 마침내 진상 조사를 명하였다. 초복楚服이라는 무녀가 대역죄의 죄명으로 책형磔刑[28]을 당했고, 일당 3백여 명이 형벌을 받았다. 이들을 취조했던 인물은 훗날 검찰총장 격인 어사대부御史大夫가 되어 능란한 수완을 발휘하였던 장탕張湯이었다. 황후의 단정치 못한 품행과 관련된 증거는 움직일 수 없는 사실이 되어버렸다.[29]

황제는 관리를 보내어 황후에게 칙서를 내렸다.

"그대는 무당에게 미혹되어 인간의 질서를 어지럽혔다. 짐은 하늘의 명을 받아 천자가 되었으며, 그대는 마땅히 짐을 보좌했어야 하거늘 그 직책을 다하지 못했다. 황후의 새璽와 인끈을 반납하고 거처를 장문궁으로 옮기도록 하라."

---

28)몸뚱이를 찢어 죽이는 형벌.
29)이른바 '제1차 무고'로 인해 진 황후는 장문궁에 유폐된다. 뒤이어 일어나는 '제2차 무고'에 대해서는 뒷부분의 7장에서 다루기로 한다.

"황후는 예법을 잃고서 무축巫祝에게 미혹되었으므로 천명을 받을 수가 없다. 황후의 새璽와 인끈을 반납하고 황후 자리에서 물러나 장문궁에 머물도록 하라."[30]

장문궁이란 장안성 동남쪽 교외에 있는 이궁을 가리킨다. 본래는 황후의 모친 관도 장공주의 별장이었던 것을 그녀가 천자에게 헌상한 저택이었다.

황후가 사형을 면한 것은 아마도 황후 모친에 대한 배려 때문이었을 것이다. 또한 황후 모친인 관도 장공주도 따로 공모자로서 처벌을 받지는 않았던 것 같다. 그녀가 자신을 천자의 제위에 앉게 베풀어준 은의恩義, 그것은 끝까지 저버릴 수 없는 은의였다.

17.

성 밖 장문궁에서 근신할 것을 하명받은 이후 진 황후와 관련해서 지금도 하나의 로맨스가 전해오고 있다.

황후는 어떻게 해서든 황제의 사랑을 되찾아야겠다

---

30)『한서』권67「외척전外戚傳」"皇后失序, 惑於巫祝, 不可以承受天命. 其上璽綬, 罷退居長門宮."

고 생각했다. 돌이켜보면 자신에게도 여러 과실이 있었던 것이다.

황후는 아름다운 운문의 매력을 동원해서 천자의 마음을 움직여보려고 하였다. 유학을 좋아한 천자는 그런 유학적 생활의 한 부분으로 아름다운 문장을 무척이나 좋아했기 때문이었다. 특히 각운脚韻을 단 아름다운 문장, 곧 '부賦'라는 형식의 작품을 좋아하였다. 단지 즐기는 정도가 아니라, 무제 자신도 부를 짓는 데 능숙하였다.

당시 천하제일의 문장가로 명성을 날리면서, 그 재주를 인정받아 천자를 측근에서 모시고 있던 이가 사마상여司馬相如였다. 황후는 이 고명한 문인을 홀로 고적하니 살고 있는 장문궁으로 초대하였다.

사마상여는 애처인 탁문군卓文君과 함께 황후를 찾아보고 안부를 물었다. 그의 처는 옛날 사마상여가 어려운 처지에 있을 적에 부부 둘이서 저잣거리에 주막을 열어서, 남편은 짧은 잠방이 차림으로 그릇을 씻고, 자신은 술을 데워 판 일화로 유명했다. 황후는 그들 부부에게 황금 1백 근을 보내고 또한 손수 술을 하사했다.

사마상여가 지은 부 작품은 대략 다음과 같다.

어느 한 아름다운 여인이 있어

이리저리 거닐면서 스스로를 위로하네요.

그녀의 혼은 산산이 흩어져 돌아오지 않고

모습은 초췌한 채로 홀로 살고 있지요

(夫何一佳人兮, 步逍遙以自虞. 魂逾佚而不返兮, 形枯槁而獨居.)

이 아름다운 여인은 어째서 이렇듯 혼이 빠져서 초췌해 있는 것인가? 그것은 천자의 덧없는 약속을 믿었기 때문이다. "잠시만 장문의 이궁에 가 있거라. 그러노라면 내 찾아갈 날도 있을 것이다." 천자의 말씀이었다. 여인은 그 약속이 실현되기를 애타게 기다리고 있다.

아침에 가셨다가 저녁에 돌아오겠다고 하시더니

먹고 마시는 잔치의 즐거움에 빠지셔서 나를 잊으셨네요.

마음이 내게서 떠나 옛정 돌아보지 않으시고

새 여인과 지내시며 사랑에 빠지셨나 보네요.

(言我朝往而暮來兮, 飮食樂而忘人. 心爁移而不省故兮,

交得而相親.)

하지만 나는 언제까지고 기다리겠다. 이 성남城南의 이궁에서 기다리겠노라. 변변찮은 음식이나마 정성껏 차려놓고 기다리고 있겠다. 그런데 어째서 임께서는 이곳에 오시지 않는 것인가?

　그냥 해본 말씀 정말로 기대하고서
　이곳 장문궁에 오실 날을 기다립니다.
　수랏상 조촐하게 손수 마련해놓았지만
　임은 오려 하지 않으세요.
　애달피 홀로 깊은 생각에 잠겨 있노라니
　하늘에는 표표히 질풍이 휘몰아치네.

　(奉虛言而望誠兮, 期城南之離宮. 修薄具而自設兮,
　君曾不肯乎幸臨. 廓獨潛而專精兮, 天飄飄而疾風.)

　건조한 화북華北의 하늘을 가르는 바람은 그 어떤 바람보다도 살풍경스럽다. 그 바람은 엄청난 질량감을 지니고서 거세게 불어댄다. 이윽고 슬픔을 달랠 요량으로 '난대蘭臺'[31]에 오르니, 구름이 시꺼멓게 사방을 에워싸서 하늘은 깜깜하니 대낮인데도 밤처럼 어둡다. 그 속을,

────────────
31) 장문궁 안에 있는 높고 화려한 누대이다.

멀리서 은은히 울리는 천둥소리가

우리 임이 타고 오시는 수레 소리 같아요.

(雷殷殷而響起兮, 聲象君之車音.)

　한대漢代의 마차 형태는 18세기 이후 잇달아 발견되는 화상석畫像石을 통해 살펴볼 수 있는데, 수십 량의 마차가 뒤따르는 천자 노부鹵簿[32]의 수레바퀴 소리가 마치 천둥소리 같았다고 하므로, 역으로 그 광경을 추리할 수밖에 없다.

　하지만 그것은 결국 천둥소리였으며, 임이 타고 오는 수레 소리는 아니었다. 야릇한 목서木犀 꽃의 향기여. 공작새는 암수 다정히 짝을 짓고, 긴팔원숭이는 울부짖듯 길게 울음 운다. 비취, 새, 난조鸞鳥, 봉황 등 이궁을 채색할 수 있게끔, 풀어놓은 아름다운 빛깔의 새들은 부부의 정다움을 과시하며 마음껏 하늘을 날아다닌다. 정욕의 불길은 내 마음속에서도 세차게 타오르며, '서운한 마음 은연중 커져서 고요한 마음 뒤흔들어놓았네 (邪氣壯而攻中).'

　이윽고 '난대'를 내려와 깊은 대궐 안을 거닐면, 정전

---

32) 천자가 거둥할 때 여러 가지 의장儀仗을 갖춘 행렬.

正殿은 묵묵히 솟아올라 하늘에 닿았고, 전각과 누대는 여기저기서 높이를 다투며 솟아있다. 호화로운 건축물은 무제 시대를 장식하는 화젯거리의 하나였다. 옥으로 장식한 문에는 황금 문고리가 달려 있고, 문을 여닫을 적마다 마치 큰 종이 울리는 듯한 소리를 냈다. 서까래는 목란으로, 대들보는 은행나무로, 바공 위의 장식까지도 진기한 목재를 골라 썼으며, 오색의 칠감은 눈이 부실 지경이었다. 지붕의 기와는 진기한 돌들을 써서 바다거북 등딱지처럼 촘촘히 깔아놓았고, 능라 비단으로 드리운 장막은 초楚 지방에서 난 실로 짠 것이었다. 하지만 이렇듯 호사스러운 분위기 속에서도 강렬하게 내 눈길을 끄는 것은 짝 잃은 백학 암컷 한 마리가 앙상한 버드나무 곁에 외로이 멈추어 서 있는 광경이었다.

이리하여 덧없이 하루해가 저물었다. 어두운 밤을 밝히기 위해 명월주明月珠와 야광벽夜光璧을 내걸어야겠다.

날은 저물어서 희망은 사라져 버리니
적적한 마음으로 홀로 텅 빈 공당空堂에 드누나.
하늘에 밝은 달 걸어 나를 비추도록 하고,
처량하게 맑은 밤을 동방洞房 안으로 들이도록 하자.

(日黃昏而望絶兮, 恨獨托於空堂. 懸明月以自照兮, 徂清夜於洞房.)

적어도 위안이라도 될까 하여 비파(琴瑟)를 당겨 현을 튕겨보지만, 손끝을 타고 흐르는 소리는 역시 슬픈 가락뿐이었다. 끝내 눈물이 줄줄 흘러내렸다. 신을 신고 일어나 이리저리 방황하다 긴 소매를 치켜들어 얼굴을 감싼 채 지난날 나의 허물을 헤아려보았다. 나 자신 너무나도 제멋대로였으며, 강짜가 심했었다. 모든 것이 나의 잘못이라고 여기며 쓰러지듯 침상에 몸을 기대니, 거기에 있는 것은 분芬과 약若 같은 향초를 가득 채운 베개와, 전荃과 난蘭 등의 향초를 깐 이부자리였다.

깜박 조는 사이 꿈속에도 그리워하였더니,
내 영혼은 임 곁에 있는 듯했어요.
깜짝 놀라 잠에서 깨었더니 보이시지 않으니,
이제 내 넋은 임을 잃은 듯 두렵기만 합니다.

(忽寢寐而夢想兮, 魄若君之在旁. 惕寤覺而無見兮, 魂迂迂若有亡.)

시간은 어느덧 새벽녘이 가까워져 오고 있었다.

뭇 닭들의 울음소리 나를 근심케 하니,

일어나 차가운 달빛을 바라보노라.

뭇 별들의 행렬을 살펴보노라니,

필성畢星과 묘성昴星이 동쪽에 밝게 드러나 있네.[33]

(衆雞鳴而愁予兮, 起視月之精光. 觀衆星之行列兮, 畢昴出於東方.)

'필성'[34]은 알데바란Aldebaran이며, '묘성'[35]은 플레이

아데스Pleiades로 모두 황소자리에 있는 별들이다.

뜰 안에 흐릿하게 내려앉은 것은,

늦가을에 내리는 흰서리이런가.

밤은 너무도 길어 매일 밤이 1년이나 되는 듯하니,

답답하고 울적한 마음, 또다시 어이 참아내리.

(望中庭之藹藹兮, 若季秋之降霜. 夜曼曼其若歲兮,

懷鬱鬱其不可再更.)

이렇게 해서 밤은 '멀리서부터 서서히 밝아오고(荒亭

亭而復明)', 또 하루의 햇살이 나의 불행을 비추려 한다.

---

33)필성과 묘성이 동방에 나타나는 시기는 음력 오뉴월이라고 한다.

34)28수宿의 하나로 서쪽에 있는 다섯째 별자리이다.

35)28수의 하나로 서쪽에 있는 넷째 별자리이다.

18.

이상이 사마상여가 지었다는 장가長歌의 대강의 줄거리인데, 「장문부長門賦」라는 제목으로 6세기 무렵 양梁나라 소명태자昭明太子가 편찬한 사화집『문선文選』에 실려 있다. 이 부 작품이 황제에게 주문奏聞되었고, 그 결과로 황후는 황제의 사랑을 되찾게 되었다고『문선』은 설명하고 있다.

하지만 이「장문부」는『사기』와『한서』에는 수록되어 있지 않다. 또한 황후가 남편의 사랑을 되찾았다는 언급도 없다. 황후는 장문궁에 칩거한 지 십수 년 만에 죽었으며, 장안 동남쪽 30리쯤에 있는 패릉霸陵 낭관정郎官亭 동쪽에 묻혔다고만 기록되어 있을 따름이다.

그런데 황후가 폐위된 이후에도, 황후의 모친 관도장공주만큼은 여전히 치맛바람을 휘날리며 방종하게 놀아나고 있었다. 그녀의 본래 남편은 진오라는 제후였는데, 딸인 황후가 폐위된 그 이듬해에 남편이 죽자, 황녀는 나이가 이미 쉰 살이 넘었음에도 불구하고, 동언童偃이라는 미소년을 가까이하였다. 소년은 황녀의 처소에 구슬을 팔러 출입하였던 노파의 아들이었다. 그녀는 소년에게 글을 가르치고 장안의 명사들과도 교제하게 하였다.

"동군董君에게 하루 지출은 황금 백 근, 구리돈 1백만 전, 비단 1천 필로 정해 둔다. 그 이상의 특별 지출은 반드시 내게 알리도록 하라."

황녀 처소의 회계를 담당하던 중부中府[36]의 관리는 그런 명령을 받았다.

황녀는 동언을 황제에게 알현케 하려고 생각하여 한 가지 꾀를 내어 무제를 자신의 저택으로 초대하였다. 황녀의 심중을 헤아린 무제는 객실로 들어서자마자 큰 소리로 말했다.

"주인옹主人翁[37]을 뵙게 하시오."

황녀는 미리 어떻게 하라고 말해두었던 동언을 동쪽에 있는 별채로 가서 데리고 왔다. 동언은 푸른색 두건을 쓰고서 어깨띠를 두른 요리사 옷차림을 하고 있었다.

"관도 공주님 댁의 요리를 담당하는 신 동언은 황공하옵게도 폐하를 배알하옵니다."

그렇게 말하면서 동언은 엎드리며 머리를 조아렸다.

황제는 쓴웃음을 지으며 대례복 한 벌을 내려주었다.

---

36)제후의 궁중에서 재물을 관리하던 기구임.
37)관도 장공주의 '남편'을 뜻한다.

그러고 나서는 주객이 한데 어울려 술을 실컷 마시고 즐겁게 놀았다. 그 이후로 동언은 무제의 총애까지도 아울러 받게 되었다고 『한서』 「동방삭전東方朔傳」은 기록하고 있다.

관도 장공주가 세상을 떠난 것은 그로부터 10여 년 후였으며, 불우한 진 황후 역시 그 이후 다시 수년이 더 지난 후에 세상을 떠났다고 전한다.

하남성 금촌金村에서 발굴된 흉노상

2장
흉노 정벌

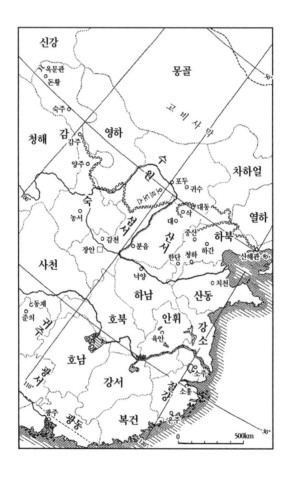

1.

　진 황후가 황후의 신분으로 궁중에서 지냈던 시기는 기원전 141년부터 130년까지로, 무제의 연호로 보면 건원과 원광으로 불리던 시기에 해당한다. 이 시기는 무제의 생애에서 제1기였다고 생각해도 좋을 것이다. 근친 세력들의 압박 강도가 완화되기는 했어도 항상 무제의 행동에 얼마간의 속박을 가하고 있던 시기이기 때문이다.

　이번 장과 다음에 이어지는 3장에서 이야기하려는 내용은 그다음 시기, 곧 무제 생애의 제2기에 해당한다. 기원전 128년에서 117년까지, 무제의 나이로 치자면 스물아홉에서 마흔 살에 해당하는 시기이다. 연호로는 원삭元朔과 원수元狩로 불리는 시기이다. 이 시기야말로 근친 세력의 속박을 벗어난 장년壯年의 황제와 그 황제를 둘러싼 시대가 가장 눈부신 활력을 보여준 시기이며, 화려한 무제의 치세 중에서도 유달리 화려했던 시기이다.

　우선 황제의 가정생활이 행복으로 넘쳐났다. 새로운 연인 위자부가 원삭 원년, 그러니까 무제 나이 스물아홉 살에 마침내 그토록 고대하던 황자를 낳았기 때문이다.

어느덧 인생의 중반 가까운 나이에 비로소 아들을 얻게 된 무제의 기쁨은 이루 말할 수 없을 정도였다. 측근인 문사 매고枚皐와 동방삭이 칙명을 받아 「황태자를 낳으신 부皇太子生賦」를 지어서 황제의 기쁨을 기릴 정도였다. 또한 황태자 탄생을 축복하기 위해 특별히 사당이 건립되었고,[1] 측근의 문사들이 축문祝文을 공들여 지어 바쳤다.[2]

그리하여 황태자의 생모인 위자부는 정식으로 황후로 책립되었다. 이보다 앞서 '부인夫人'이라는 칭호는 이미 주어져 있었으나, 이때 정식으로 황후가 되었다. 지난날 가희였던 여인이 이제는 천자와 더불어 상천上天의 명령을 인간 세계에 중재하는 대변자이자, 인간 질서의 주재자로 변신한 것이다.

행운과 영광은 단지 황후의 신상에만 빛나고 있지는 않았다. 황후의 동생 위청이 흉노를 정벌하는 장군으로서 세운 공로 또한 대단히 눈부신 것이었다. 이 젊은이가 지닌 무예와 용맹함을 꿰뚫어보았던 무제의 안목은

---

1)고매高禖는 아들을 낳게 해달라고 비는 신인데, 이 신에게 천자가 아들을 얻으려고 드리는 제사를 '매제禖祭'라고 불렀다. 무제가 아들을 얻은 기쁨으로 이 신을 기리는 매사禖祠를 세웠다고 한다.
2)대표적인 작품으로 매고가 지은 「황태자가 태어나서 고매高禖에게 올리는 축문立皇子禖祝」이 있다.

추호의 어긋남도 없었다.

2.

흉노에 대해서 『사기』와 『한서』는 매우 자세한 기록을 「흉노전匈奴傳」이라는 이름으로 남기고 있다. 또한 19세기 이후로 이 북방 민족에 대한 동서양 학자들의 연구는 엄청난 양에 달하는데, 최근의 연구 성과로는 에가미 나미오江上波夫[3]의 「유라시아 고대 북방문화」가 있다. 그러나 흉노가 어떤 인종이었는지는, 아직껏 충분히 해명되고 있지는 않다. 다만 한인漢人과는 크게 다른 생활양식을 지닌 민족이었음은 분명하다 하겠다. 그들은 지금의 몽골고원을 본거지로 삼으면서 동쪽으로 만주, 북쪽으로 시베리아, 서쪽으로 중앙아시아를 휘달리는 기마유목 민족이었으며, 농경이나 도시나 문자는 알지 못하였다. 승마와 궁시弓矢를 통한 수렵과 목축, 전쟁이 그들의 주된 일이었다. 주식은 짐승의 고기와 젖이고, 옷은 짐승 가죽으로 만들었다. 인구는 적었지만,

---

[3]1906~2002. 일본의 역사학자. 동북아시아의 기마민족이 일본 황실의 기원이라는 '기마민족설騎馬民族說'을 주장한 것으로 유명하다.

그들의 무예와 용맹함은 한인漢人에 비할 바가 아니었다. 기원전 4세기경 흉노는 이미 북방에서 한인을 위협하는 일대 세력을 형성하였으며, 이후 두 민족의 대립은 숙명적이기조차 하였다. 지금도 그대로 남아있는 만리장성은 한민족이 이러한 숙명을 완화할 요량으로 당시에 한민족이 일곱 개 국가로 나뉘어 내전을 벌이던 '전국戰國'시대였음에도 불구하고, 북변의 흉노와 접하고 있던 나라들, 요컨대 지금의 하북성에 있던 연燕나라, 산서성의 조趙나라, 섬서성陝西省의 진秦나라가 각각 쌓기 시작하였다.

이윽고 무제보다 백 년 앞서 내전으로 인한 분열을 통일하고, 한민족의 거주 지역을 하나의 대제국으로 통합하였던 진시황의 파쇼 정치는 대對 흉노 방비에서는 대단한 성과를 거두었다. 진시황은 엄청난 인력을 동원하여 당시까지는 뿔뿔이 흩어져 있던 장성을 하나로 완전히 이어놓았다. 그 당시 장성의 노선이 오늘날의 그것과는 완전히 일치하지 않는다는 사실이 입증되기는 했지만, 동경 120도 하북성의 동쪽 끝인 산해관山海關 해안에서 시작하여 산서·섬서의 북쪽을 에워싸고 서쪽으로 감숙성甘肅省에 이르기까지, 구불구불 1000킬로미터를 뻗어 있는, 지금도 우리의 눈을 휘둥그렇게 만드는, 저 초인적인 대역사 대부분이 바로 이 시기에 완성되었다. 그뿐만 아니라, 진시황은 원정군을 보내어 흉노를 장성 경계에서 훨씬 더 북쪽으로 쫓아버렸다.

하지만 진시황의 제국은 얼마 되지 않아 붕괴해버렸다. 그리하여 무제의 증조부인 한나라 고조가 진 제국의 상속자로서 자신의 제국을 이루기까지는 또다시 여러 해에 걸친 내전의 시기를 거쳐야만 했다는 사실은, 흉노로서는 재기할 수 있는 절호의 기회이기도 하였다.

그뿐만이 아니었다. 당시의 흉노는 한 사람의 영웅이 통치하고 있었다. 그의 이름은 묵돌선우冒頓單于[4]였다. '선우單于'라는 말은 흉노 언어로 군주를 뜻하며, 이는 중국 문헌에 최초로 등장하는 외국어 가운데 하나이다.

3.

묵돌선우는 아버지 두만頭曼선우[5]의 태자였다. 그러나 아버지의 사랑은 점차 젊은 첩이 낳은 동생에게로

---

4) '묵돌冒頓'은 '모돈' 또는 '묵특'으로도 읽는다.
5) 역사에 기록된 흉노 최초의 군주로, 통합된 흉노 국가를 세웠다.

옮겨갔다. 자신의 장래에 대해 불안을 느낀 젊은 태자는 부하들에게 명령했다.

"내가 이 명적鳴鏑[6]을 쏘는 것을 보면 너희도 따라 쏘아야 한다. 내 명에 따르지 않는 자는 베어버릴 것이다."

태자의 명적은 우선 짐승을 쏘았다. 부하들도 태자를 따라서 일제히 짐승을 쏘았다.

그리고 며칠이 지났다. 태자는 갑자기 뒤를 돌아보면서 자신의 애마를 쏘았다. 부하들은 주저하였다. 부하들의 목이 사정없이 베어져 떨어졌다.

또다시 며칠이 흘렀다. 태자의 명적은 자신의 애처를 꿰뚫었다. 몇몇 부하가 망설이자, 그들의 목을 다시 베어버렸다.

마침내 두만선우와 함께 사냥을 나가는 날이 찾아왔다. 태자의 화살을 따라 수십 대의 화살이 두만선우의 머리를 향해 날아갔다.

이리하여 묵돌선우는 선우 자리에 올랐다.

그 무렵 동호東胡[7]라 불리며 지금의 만주 지역을 본거지로 삼는 다른 부족이 있었는데, 묵돌이 부친을 살해

---

6)날아갈 때 소리가 나도록 만들어진 화살촉으로, '효시嚆矢'와 같은 말이다.
7)'동호'라는 말에서 '퉁구스Tungus'가 유래되었다고 보는 견해도 있다.

하고서 선우 자리에 올랐다는 소식을 듣고서 생트집을 걸어왔다.

"두만선우가 탔던 천리마를 얻고 싶소."

묵돌선우는 부하들과 상의했는데, 부하들은 이렇게 말했다.

"저 말은 흉노의 보물입니다. 절대 내주셔서는 안 됩니다."

하지만 묵돌선우는 말했다.

"피차 이웃 나라끼리 말 한 마리를 아까워해야 하겠는가?"

말을 얻는 데 성공한 동호는 묵돌을 얕잡아보고서, 다시 새로운 요구를 들고나왔다.

"선우의 처[8] 한 명을 주시오."

부하들이 소집되어 앞서와 비슷한 문답이 오갔고, 이윽고 연지 한 명을 적국으로 보내주었다.

이윽고 동호가 제시한 세 번째 난제에 마주하였다.

"흉노와 동호 사이에는 버려진 넓은 땅이 있소. 그 땅을 넘겨주시오."

또다시 소집된 부하들이 말했다.

---

8)선우의 처를 '연지閼氏' 또는 '알지'라고 불렀다.

"줘버리십시오. 어차피 그 땅은 아무짝에도 쓸모없는 빈 땅입니다."

그러자 젊은 선우는 벌컥 성을 내며 말했다.

"땅이란 나라의 보배다. 어찌 남에게 줄 수 있겠는가?"

그렇게 말하고서, 나는 듯이 말에 올랐다.

"내 뒤를 따르지 않는 자는 목을 베리라."

불의에 기습을 당한 동호는 변변히 싸워보지도 못하고서 패했다. 동호는 백성과 가축을 모두 흉노에게 빼앗기고 말았다.

묵돌선우의 침략은 서쪽으로도 뻗어나갔다. 지금의 감숙성에 있었을 것으로 추정되는 월지月氏[9]라는 부족을 훨씬 서쪽인 중앙아시아 방면으로 쫓아내고서, 그들이 떠나고 난 지역까지도 흉노의 세력 범위로 편입하였다. 물론 그들은 본래 도시를 만들 수 없는 지리적 조건 속에서 살아온 민족이었다. 황야와 사막을 휘달리며, 일정하게 정주定住하는 장소가 따로 없었던 민족이었다. 따라서 세력 범위라고는 해도 고정된 공간이 아

---

9)기원전 3세기부터 1세기 무렵에 동북아시아와 중앙아시아에 활약했던 유목민족으로 달리 '월지月支' 또는 '대월지大月氏'라고도 한다.

니었다. 그러나 어쨌든 묵돌선우는 한족의 거주 지역을 북쪽과 서쪽에서 온통 에워싼 듯한 형세를 구축하는 데 성공하였다.

3.

이러한 성공에 만족한 묵돌선우는 이번에는 한족에 대한 보복을 계획하였다. 그리고 옛날 진시황에게 빼앗겼던 장성 이북의 실지를 회복했을 뿐만 아니라, 산서의 북부로부터 장성을 타고 넘어서 지금의 태원太原 부근까지 육박해왔다.

그때 중국에서는 무제의 증조부인 고조가 이미 내전을 평정하고서 제국의 통일을 거의 완수하였을 즈음이었다. 한나라 고조는 친히 보병 32만 명을 이끌고서 태원으로 향했다. 흉노가 가장 자신 있는 전술은 기병이었고, 한나라의 그것은 보병이었다.

하지만 두 민족 영웅 간의 대전은 한민족을 위해서는 그다지 명예로운 역사 기록을 남기지는 못하였다. 묵돌은 일단 장성 쪽으로 후퇴하는 양 위장하면서 고조를 유인해놓고서 고조의 보병이 전부 도착하기 전에 평성平城, 곧 지금의 대동大同 부근에서 고조의 부대를 겹겹이 포위하였다. 이러한 포위전은 대설이 내리는 날씨 속에서 일주일 동안이나 지속되었으며, 흉노의 병력은 40만 기에 이르렀다.

온갖 방책을 다 강구했던 고조는 첩자를 시켜 묵돌의 부인 연지에게 뇌물을 주고 포위망의 일각을 뚫고 간신히 그곳을 탈출해 남쪽으로 돌아갔다. 묵돌 역시 얼마 후에 병력을 거두고서 북쪽으로 돌아갔다. 이것이 이른바 '평성의 치욕'(평성지치平城之恥)[10]이라는 사건이었다.

고조가 세상을 떠난 뒤에 그 미망인인 여 태후가 정사를 돌보고 있을 적에도 흉노의 태도는 여전히 고압적이었다.

"한족의 황후여, 내가 있는 곳은 음산하고 눅눅한 땅이어서, 한번 중국에 놀러 가기를 원했소이다. 듣자 하니 폐하께서도 근래에 과부가 되셨다고 하니, 부부의 인연을 맺기를 바라는 바입니다."[11]

---

10) 달리 백등산白登山에서 전투가 벌어졌다는 데에서 '백등산 포위전'(백등지위白登之圍) 또는 '백등산 전투'라고도 일컫는다.

11) 『한서』권90 「흉노전」에 실린 원문에서 이 부분은 다음과 같이 에둘러 표현되어 있다. "두 임금이 즐거움이 없고 스스로 즐길 수 없으니, 그 가진 바로 부족함을 바꾸기를 바라는 바입니다."(兩主不樂, 無以自虞, 願以所有, 易其所無.)

이렇듯 무례하기 짝이 없는 편지가 흉노에서 왔던 일마저 있었다. 여 태후는 격노하여 흉노를 정벌할 군사를 일으키려 하였지만, 한 대신이 이를 말리고 나섰다.

"지난날 평성에서 겪었던 고초를 잊으셨습니까? 자, 백성들은 노래까지 지어 부르고 있습니다.

평성 아래에서 정말로 고생했구나!
이레 동안 먹지 못하니 쇠뇌를 당길 힘도 없네.

오랑캐는 짐승과 다를 바 없으니, 짐승이 하는 말을 일일이 마음에 담아 둘 필요는 없습니다."

줏대가 센 여 태후도 평성 포위전에 대한 두려운 기억이 떠오르자 더이상 아무 말도 하지 않았다.

"나는 이미 머리카락과 이도 모두 다 빠지고 비칠비칠 걷기도 힘든 늙은이올시다. 선우께서 누군가에게서 잘못 들으셨나 봅니다. 저희 나라는 관여한 바가 없으므로 마땅히 너그러이 용서하시기 바랍니다."

이렇듯 기묘한 답서가 발송되었다.

제3대 문제와 제4대 경제 때에는 흉노에 대하여 회유책을 취했다.

수놓은 비단옷과 비단 외투(금포錦袍), 빗, 흉노가 쓰는 황금 허리띠와 장식, 갖가지 옷감과 곡물 따위를 매년 흉노에게 보내주고, 또한 한나라 황족의 딸을 흉노에게 시집보낸다는 등의 조건으로 화약和約을 맺었다. 그렇지만 소규모 침범은 종종 발생하였고, 흉노의 척후대斥候隊가 한나라 수도 장안의 지척에까지 이르러, 도읍에 한때 계엄령이 내려진 적도 있었다. 하지만 문제와 경제는 모두 내치에 주력하는 온순한 천자였으며, 한편으로 흉노 쪽에서도 영웅 묵돌선우가 죽고 난 뒤였으므로, 양국 사이에는 반세기 이상이나 평화를 유지할 수 있었다. 하지만 그것은 한 제국의 입장에서는, 의심할 바 없이 굴욕적인 평화라고 하겠다.

이러한 굴욕을 설욕하는 일이야말로 자신에게 주어진 책무의 하나라고 의식하며 제위에 올랐던 인물이 바로 무제였다.

그때 흉노 쪽은 영웅 묵돌선우의 손자인 군신軍臣선우의 치세였다.

5.

흉노에 대한 무제의 설욕 의지는 그의 즉위 초기부터, 아니 어쩌면 즉위 이전부터 품고 있었던 것인지도 모른다.

그것은 단순히 선조의 치욕을 씻으려 설욕하겠다는 의지만이 동기는 아니었다고 하겠다. 이 또한 유학적 이상주의, 문화주의와 관련이 있는 것이다. 인류 문화가 가장 발달한 지역, 그곳은 바로 중국이고, 문화의 혜택을 받지 못한 지역, 그곳이 곧 야만이었다. 『춘추공양전春秋公羊傳』에서는 전자를 '제하諸夏'로, 후자를 '이적夷狄'이라 일컫고 있는데, 이처럼 양자를 구별하는 것은 어디까지나 과도적 상태일 뿐 이상적인 상태는 아니었다. 이상적인 상태는 '일통一統(하나로 통일된 상태)을 넓히는'[12] 것이며, '왕자王者는 천하가 하나로 완성되기를 바란다'고 『춘추공양전』은 말하고 있지 않은가! 문화의 담지자擔持者인 중국이 사방의 '이적'들을 복종시켜서, 문화의 혜택을 입는 공간을 확장하는 일이야말로, 인류 세계를 진보케 하는 일이나 다름없었다. 따라서 그와

---

12) 이와 같은 '대일통大一統' 관념은 『춘추공양전』과 공양학公羊學의 핵심 개념으로서, 이후 정치적으로 통일된 영토와 문화적으로 유교 이념에 입각한 덕치德治인 왕도 정치를 실현코자 하는 대일통 사상으로 발전한다.

같은 이념의 실천은 단지 흉노에게만 국한된 일은 아니었다. 이다음 설명에서도 보듯이 실천 범위는 사방으로 미쳤다.

하지만 즉위 초기 할머니 두 태후가 살아있을 동안은 당분간 참고 견디며 신중하게 행동할 수밖에 없었다. 시강侍講[13]하는 유자들은 모두 무제의 생각을 적극적으로 지지했지만, 두 태후를 구심점으로 하는 수구파 세력은 애초부터 반대하는 입장이었기 때문이다.

신구 양파의 이러한 의견 대립은 무제가 즉위한 지 4년째 되는 건원 4년 가을에 이미 표면화되었다. 당시 지금의 절강성浙江省 동해안 지방과 복건福建 · 광동廣東 지역은 완전한 중국의 판도 내에 편입되어 있지 않았고, 한족과 이민족이 타협하여 세운 세 개의 반半 독립 국가가 존재하였다. 광동에는 남월南越, 복건에는 민월閩越, 절강의 동구東甌라는 나라들이었다. 그런데 이 해에 분쟁이 벌어져 민월의 군대가 동구의 도읍인 지금의 온주溫州를 포위하였다. 귤의 산지로 유명한 온주였다.

동구의 왕은 이런 사태를 한나라에 호소하고, 원군을 요청하였다.

---

13)천자 앞에서 유교의 경서를 강의하는 일.

열아홉 살 천자가 외숙인 전분에게 이 문제를 상의하자 전분은 이렇게 말했다.

"남방의 부족들 사이의 싸움은 으레 벌어지는 일입니다. 우리 중국이 개입할 필요는 없습니다. 진나라 시황제 때에도 그런 곳은 그냥 내버려두었습니다."

그러나 시강인 유신儒臣 엄조嚴助가 기를 쓰며 전분에게 대들었다.

"중국은 그곳에 아직 문화를 미치게 할 정도의 무력과 도덕력이 충분치 않을지도 모르겠습니다. 그렇다 하더라도 어찌 그들을 내버려둔다는 말입니까? 천자는 만국萬國의 주인이요 인류 전체의 주재자입니다. 곤경에 처한 나라를 나 몰라라 뿌리치시면, 저들은 어디에다가 하소연한단 말입니까?"

무제는 외숙 전분의 체면을 고려해 정식으로 군사 동원령을 내리지는 않았다. 그러나 엄조는 천자의 특명으로 남쪽으로 가서 회계會稽, 곧 지금의 소흥紹興에 이르러 그곳의 태수에게 출병을 강요하였다. 태수가 법을 이유로 내세워 좀처럼 응하려 하지 않았으나, 엄조는 억지로 수군水軍을 출병케 하여 해상에서 온주를 구원하러 나섰다. 하지만 그때는 이미 분쟁이 자발적으로 수습된 뒤였던 터라, 엄조는 빈손으로 장안으로 되돌아오고 말았다.

6.

이상의 이야기는 조모 두 태후가 아직 살아있을 적 일이다. 두 태후는 손자와 손자를 둘러싼 서생 무리에게, 이런 점에서 한층 더 불안감을 느꼈음이 틀림없다.

하지만 그 할머니조차 무제가 스물두 살 되던 해에 세상을 떠났다. 마침 바로 그때, 남방의 부족이 또다시 분쟁을 일으켰는데, 복건 지방 민월의 왕이 이번에는 공격의 창끝을 남쪽으로 돌려 광동의 남월을 공격하였다. 남월은 그 사정을 한나라에 호소하였다. 한나라와 남월 사이에는 본래 조약이 맺어져 있었다. 남월이 제삼국의 공격을 받더라도 함부로 군사를 움직이지 않는다는 내용이었다. 남월의 왕은 이러한 약속에 충실하였던 것이다.

무제로서는 처음으로 자신의 능력을 선보이는 시험 무대였던 셈이다. 인류의 질서를 어지럽히는 민월 왕을 응징하기 위해 장수 두 명을 원정군의 대장으로 파견했는데, 한쪽 군대는 강서江西에서, 또 다른 군대는 절강 동부 지역에서 복건을 향해 쳐들어갔다. 한나라의 적극적 공세로 공황 상태에 빠진 민월에서는 내홍이 일어나, 민월 왕의 동생이 형을 시해하고서 그 수급을 한나라 원정군 대장에게 갖다 바쳤다. 한나라 군대는 칼에 피를 묻히지 않고서도 복건을 정복했다.

이때의 파병은 본래 만방萬邦의 왕인 한나라 천자가 민월의 부당한 침략에 고통당하는 남월을 위해 단행했다. 천자의 위엄스러운 명령은 완벽하게 집행되었고, 인류의 질서도 원래대로 회복되었다. 그러한 사실을 남월의 왕에게 일러서 깨우쳐줄 필요가 있었다. 이번에도 고유告諭의 임무를 띠고서 칙사로 파견되었던 사람은 다름 아닌 엄조였다.

남월의 왕은 정의를 실천하려는 한나라 천자의 열의에 감격한 나머지, 자신의 대를 이을 왕자를 장안으로 돌아가는 엄조에 딸려 보내서 한나라의 볼모로 삼게 하였다.

이 당시의 파병에 대해 반대하고 나선 수구파가 없었던 것은 아니었다. 부황父皇인 경제의 사촌으로 무제의 당숙이었던 회남왕淮南王이 그 대표적 인물이었다. 지금의 안휘성安徽省 북부를 봉지로 영유하였던 이 회남왕은 황족 가운데 장로였을 뿐만 아니라, 문학에도 조예가 깊어서, 그러한 점에서도 무제가 존경하는 인물이었다. 무제가 이 회남왕에게 편지를 보내는 경우에는 문장에 이상한 표현이 없도록 사마상여를 필두로 한 시강 문사들이 총동원되어 편지를 점검하는 것이 관례였을 정도였다.

그런데 이 당시 파병에 대해서는 당숙인 회남왕이 장문의 건백서建白書를 올려 반대하였다. 오랑캐는 문화의 바깥에 존재하는 족속이므로 그들의 분쟁에 천자가 간여해서는 안 되며, 또한 한나라가 건국한 지 이제 72주년이 되지만 실제로 개입했던 선례가 한 차례도 없다는 것이 반대의 첫 번째 이유였다. 다음으로 전쟁의 비참함, 특히 기후가 안 좋고 지형이 험준한 화남華南 지대에서 싸우는 병사들과, 그 유족들에 대한 동정이 두 번째 반대 이유였다. 전쟁은 틀림없이 지구전이거나 게릴라전이 될 것이라는 게 세 번째 반대 이유였다. 그리고 전쟁을 통해서보다는 평화적인 외교 수단을 통해서 오랑캐를 감화시키는 것이야말로 유가 고전의 주장이라는 것이 네 번째 반대 이유였다.

하지만 당숙인 회남왕의 기우에도 불구하고, 이렇듯 볼 만한 성과를 거두지 않았는가! 새로운 칙령이 광동에서 돌아오는 귀로에 올랐던 엄조에게 내려졌다.

"회남에 들러서 짐의 포부를 당숙께 전하도록 하라."

7.

이렇듯 동남 지방에 대한 정벌의 성공은 동시에 얼마간의 우연성에 힘입어서 서남 방면의 귀주貴州와 운남雲南 지방으로까지 경략經略[14]의 손길을 뻗치는 단서를 마련해주었다.

일의 경과는 다음과 같았다.

남월의 왕에게 천자의 은명恩命[15]을 전달하기 위해, 지금의 광동시로 파견되었던 칙사 중에는 엄조 외에도 당몽唐蒙이라는 신하가 있었다. 당몽은 장안의 조정으로 귀환하여 천자에게 이렇게 상주하였다.

"남월이 지금 한나라에 충성을 바치는 척하지만, 아무튼 다스리는 영토가 사방 만 리나 되는 큰 땅이거니

---

14)타국을 침략하여 여러 지방을 빼앗아 가진다는 뜻.
15)'은혜를 베푸는 명령'이란 뜻으로 천자의 명령을 가리킨다.

와, 그 왕은 황금색 지붕을 얹은 궁실에 살면서 왼편에 깃발을 세워두고 있으니,[16] 실로 황제 행세를 하고 있습니다. 조만간 저들을 정벌할 군사를 일으켜야 할 것입니다. 그런데 현재로는 군대를 진공시킬 통로가 장사長沙, 곧 호남에서 가는 길 하나와 예장豫章, 곧 강서江西에서 가는 두 길이 있는데, 모두 대단히 험준한 산길입니다. 이른바 재(영嶺)를 넘어야만 비로소 저들 영남嶺南[17]의 땅에 도달할 수 있다는 사실은 폐하께서도 잘 알고 계실 것입니다."

"그러면 그 밖에도 다른 통로가 있다는 말인가?"

천자는 마른 침을 삼켰고, 당몽은 말을 이어 갔다.

"실은 말씀입니다. 소신이 광동에 있을 적에 구장枸醬[18]이라는 것을 대접받았습니다. 그런데 그 구장은 광동에서 나는 산물이 아닙니다. 그래서 어디에서 가져온

---

16)『한서』「서남이양월조선전西南夷兩粤朝鮮傳」의 원문에는 '황옥좌독黃屋左纛'이라고 되어 있다. '황옥'은 '황제가 타는 수레의 노란 비단으로 만든 차양'을 가리키고, '좌독'은 '황제의 수레 왼쪽에 꽂는 소꼬리 등으로 만든 장식물'을 가리킨다. 따라서 '황옥좌독'은 지은이의 풀이와는 달리 '황제가 타는 수레'로 보아서 '(남월의 왕은) 황제가 타는 수레를 타고' 정도의 뜻으로 보는 것이 좀 더 나은 듯하다.
17)역사적으로 영남嶺南 지역은 오령五嶺 이남의 지역을 가리키는데, 오령은 대유령大庾嶺・월성령越城嶺・도방령都龐嶺・맹저령萌渚嶺・기전령騎田嶺을 가리킨다.
18)구장주枸醬酒로 보통 구기자枸杞子, 북방에서는 달리 저도樗桃라고 불리는 열매의 액으로 담근 술을 가리킨다. 또 다른 견해로는 '구장蒟醬'의 뜻으로 보아 '나도후추 열매로 만든 장'으로 보는데, 매운맛이 나고 향신료로 쓰였다고 한다.

것이냐고 물었더니 장가강牂牁江이라는 큰 강이 있는
데, 이 강은 배도 넉넉히 지나다닐 수 있는 큰 강으로,
그 상류 지방에서 상인들이 가져온다고 하였습니다. 그
런데 장안으로 돌아와서 다시 상인들에게 자세히 알아
보았더니 구장은 촉蜀 땅인 사천四川의 산물로, 그것을
사천 남쪽에 있는 야랑夜郎이라는 나라로 밀수출하는
데, 야랑에서 다시금 어딘가로 전매하는 것 같다는 이
야기였습니다. 그렇다면 저 광동의 큰 강의 근원은 야
랑국夜郎國임에 틀림이 없습니다. 그쪽 지방을 수중에
넣게 된다면 강을 좇아서 수군으로 광동을 기습할 수
있을 것입니다."

　야랑국은 지금의 귀주성貴州省 북부 동재현桐梓縣과
준의현遵義縣 부근에 있던 나라였다. 당시 귀주와 운남
등 서남 지방은 한데 묶여 '서남이西南夷'[19]로 불렸으며,
사천 남쪽으로는 우선 야랑국을 위시하여 다시 그 서쪽
에 전滇, 곤명昆明 등의 나라가 있었다고 어렴풋하게 전
해질 뿐, 애초부터 한족의 거주지는 아니었다. 송곳처
럼 뾰족한 상투를 틀어 올리고 농경에 종사하는 민족,
머리를 땋고서 목축에 종사하는 민족들이 첩첩이 이어

19)야랑국 등의 '남이南夷'와 '전·곤명' 등의 '서이西夷'를 합쳐 '서남이'라고 하였다.

진 산골짜기마다 더러는 부락을 이루고, 아니면 부락마저 이루지 못한 채로 떠돌아다니는, 장기瘴氣[20]를 머금은 안개비가 자욱이 내리는 황량한 땅이었다.

그러한 '서남이' 지역이 동남의 남월南越과 수로로 이어져 있다는 것이다. 무제로서는 마음이 동하지 않을 수 없었다.

곧바로 야랑국에 보낼 칙사로 당몽이 임명되었고, 천 명분의 군량과 1만 벌의 군복[21]을 가지고서 야랑국에 대한 선무宣撫와 탐험을 겸한 장도에 올랐다.[22]

이리하여 문화의 혜택을 받지 못했던 서남 지역도 중국 문화를 향수할 계기가 마련되었다. 애초의 계기는 다름 아닌 구장枸醬에서 비롯되었던 셈이다. 구기자나무는 'Hovenia dulcis'라는 학명을 지닌 식물이라고 에두아르 샤반느는 지적하고 있다.

---

20)주로 아열대의 습지대에서 발생하는 악성 말라리아 따위의 질병을 '장려瘴癘'라고 하는데, 이러한 장려를 일으키는 원인이 '장기' 때문이라고 생각했다.

21)『한서』의 「서남이양월조선전」의 원문에는 '將千人, 食重萬餘人'으로 되어 있으므로, '군사 1천 명과 군량 및 치중輜重(군수품)을 운반할 인부 1만여 명을 거느리고서'라고 풀이하는 것이 옳을 듯하다.

22)이때 당몽이 야랑후夜郞候 다동多洞을 만나게 되는데, 그가 당몽에게 자기 나라와 한나라 중에 어느 나라가 더 큰가를 물었다는 고사에서 '야랑자대夜郞自大'(야랑국이 우쭐대다)라는 성어가 생겨났다. 세상 물정 모르는 우물 안의 개구리와 같은 사람을 가리키는 성어로 자주 쓰인다.

8.

무제가 직접 친정을 시작한 첫해에 행해진 남방 경략에서 대성공을 거두었던 일은 황제에게 예전부터 가슴속에 품어왔던 정책의 성공 가능성에 대해 자신감을 심어주게 되었다. 이듬해인 원광 원년에는 각 지방에서 한 사람씩 추천된 유사儒士들이 장안의 궁전에 모여서 천자가 친히 주관하는 친시親試를 치렀는데, 무제가 출제한 시험 문제는 '어찌하면 옛날 요순시대 같은 이상 사회를 재현할 수 있는가'에 대해서 그 방안을 쓰라는 것이었다. 그런데 그러한 이상 사회의 조건으로는 별자리의 운행이 어긋나지 않고, 일월식日月蝕이 일어나지 않으며, 산릉이 붕괴하거나 천곡川谷이 막히는 일이 없으며, 기린과 봉황이 들판과 소택沼澤에서 노닐며, 하락河洛에서 기이하고 상서로운 도서圖書[23]가 나오는 것과 같은 것 이외에도 덕은 금수에게까지 미치고, 그 가르침은 사해四海에 두루 통하고, 해외의 모든 나라가 죄다 조공해오는 것, 그런 것이야말로 이상적인 시대로 강조되고 있었다. 이렇듯 무제가 의도하는 바는 절로 자명하다 하겠다.

---

23) '하'는 '황하黃河', '락'은 '낙수洛水'를 가리키며, '하도낙서河圖洛書'를 풀어쓴 말.

그런데 정작 문제는 흉노였다. 증조부·증조모·조부·부친 및 그들의 통치 아래에 있었던 '만민萬民'에게 끊임없이 심대한 모욕을 가해왔던 흉노에 대해서는 어떻게 해야 할까? 이렇듯 문화에 대해 가해진 비非문화의 모욕을 어떻게 해야 할까? 저들 흉노는 묵돌에서 보듯이 제 아비조차도 서슴없이 살해하지 않는가? 또한 아비가 죽으면 아비의 처첩 모두를 자신의 소유로 삼는다고 하지 않는가?

그때 마침 흉노에게서 조약을 갱신해서 화친을 지속할 것을 요구하는 사자가 찾아왔다.

어전회의가 소집되어, 두 명의 장수가 황제 앞에서 격렬한 논쟁을 벌였다. 한 사람은 왕회王恢였고, 또 다른 한 사람은 한안국韓安國이었다. 두 사람 모두 그 전해에 민월 원정군의 지휘관으로 출정했던 장수들이다. 두 사람 가운데 왕회는 하북성 출신으로 흉노에 관해 잘 알았으므로, 조약을 파기하고 즉각 개전할 것을 주장하였다. 하지만 한안국 쪽은 수구파인 승상 전분의 입김이 미치는 인물로서 자중론自重論을 주장하였다. 이 해의 어전회의에서는 자중론이 다수의 찬성을 얻어서 일단 승리하였다.

그러나 왕회는 물러서지 않았다. 이듬해인 원광 2년에 재차 어전회의를 열자고 주청하였다. 주전파 왕회 옆에는 한 사내가 대기하고 있었다. 산서의 북쪽 변경에 있는 마읍馬邑의 토호였던 섭일聶壹이라는 인물이었다.

먼저 황제가 발언하였다.

"짐은 황실의 자녀를 잘 꾸며 선우에게 시집보내고 있다. 견포絹布도 또한 후하게 보내주고 있다. 그런데도 저들은 우리를 더욱 얕잡아보기만 할 뿐이니, 국경지대의 백성들은 잠시도 마음을 놓지 못한다. 짐은 이를 가련하게 생각한다. 전쟁을 하는 것이 어떻겠는가?"

때를 기다렸다는 듯이 주전파인 왕회가 입을 열었다.

"지당하신 말씀입니다. 옛날 대代와 같은 소국에서도 흉노를 막아내면서 나름의 독립을 온전히 유지했습니다. 지금은 해내海內가 하나로 통일돼 있고, 폐하의 위광威光이 미치지 않는 곳이 없는 데도 흉노가 복종치 않는 까닭은, 우리가 강경책을 취하고 있지 않기 때문입니다. 전쟁을 일으켜 흉노를 치는 것이 당연한 일인 줄로 압니다."

이에 대한 자중파自重派의 대변인은 여전히 한안국이었다.

"그렇지 않사옵니다. 고조께서 저 평성의 치욕을 겪으시고서도 오히려 군사를 거두셨던 까닭은 당신의 사사로운 분노 때문에 만민을 도탄의 고통에 빠뜨려서는 안 된다고 생각하셨기 때문입니다. 또한 그와 똑같은 생각에서 문제께서도 화친조약을 맺으셨던 것입니다. 두 분 열성조列聖朝의 생각을 따르시지 않으면 아니 되옵니다. 흉노와 전쟁하는 것은 옳지 않은 일이옵니다."

이에 왕회가 말했다.

"그렇지가 않습니다. 각 시대마다 방법도 따라서 바뀌는 것이야말로 옛날의 도道입니다. 고조께서 은인자중하신 것은 잠시 천하 백성을 쉬게 하려는 배려에서 그리하셨던 것입니다. 그러나 지금은 사정이 다릅니다. 국경에서는 흉노와 싸우다 전사한 전사자들의 운구가 죽 늘어서 있지 않습니까? 인도적 차원에서 묵과할 수는 없습니다. 개전하는 것이 마땅하다고 생각합니다."

"그렇지 않습니다. 새로운 방법은 옛날 방법과 비교해서 백배 천배로 이익이 나지 않는 한, 채택해서는 안 됩니다. 우선 오랑캐가 문화의 테두리 밖에 있다는 사실은 먼 옛날부터 정해진 일입니다. 게다가 사는 곳이 일정치 않은 저 민족을 국경지대 농민의 희생을 치러가면서 토벌한다고 해봤자 얻는 이익이 아무것도 없습니다. 개전은 옳지 않다고 생각합니다."

"그렇지 않습니다. 기회란 잡기 힘든 법입니다. 옛날 진秦나라 목공繆公은 한낱 제후였는데도 흉노를 물리치지 않았습니까? 지금 중국은 전에 없이 성대한 나라입니다. 이런 성대함으로 흉노를 친다면 비유컨대 강한 쇠뇌로 다 터진 종기를 쏘는 것과 진배없습니다. 따라서 흉노는 말할 것도 없고, 작년 치렀던 친시親試의 시제試題에도 나왔던 북발北發[24]과 월지 같은 나라들까지도 신복臣服하게 될 것입니다. 개전은 당연한 처사로 생각합니다."

"그렇지 않습니다. 전쟁에는 충분한 준비가 필요합니다. 또한 설령 준비가 되어 있다고 하더라도, 성대함이 있으면 반드시 쇠퇴함이 있는 것은 아침이 있으면 저녁이 있는 것과 마찬가지 이치입니다. 지구전이라도 된다면 틀림없이 곤란을 초래할 것입니다. 뭔가 특별한 계책이라도 있다면 이야기가 달라지겠습니다만……."

---

24) '북발'의 경우 『한서』 권52 「두전관한전竇田灌韓傳」의 원문에 '北發月氏, 可得而臣也'라고 나오는데, 여러 논란이 있는 대목이다. 여기서는 안사고顔師古의 "「왕회전」에 북발·월지를 신복臣伏시킬 수 있다'고 하는데 나라 이름인 듯하다(「王恢傳」 北發月支, 可得而臣, 似國名)"라는 주석에 따라 나라 이름으로 하고, 번역문에도 '월지'를 덧붙였다. 또 다른 견해로 '북쪽을 향해 월지를 정벌하면'이라고 풀이하는 견해도 있다.

논란이 여기에까지 이르자 주전파 장수인 왕회는 미소를 지었다.

"신이 주장하는 바는 원정이 아닙니다. 상대인 선우를 이욕利欲으로 유인한 뒤에 복병으로 사로잡자는 것입니다."

이렇게 말하면서 곁에 있던 시골 토호인 섭일을 가리켰다.

"모든 일은 이 사람이 다 알아서 처리할 것입니다."

천자는 마음속에 은근히 희망했던 대로, 왕회의 개전론開戰論에 찬성할 수 있었다.

9.

마읍현의 토호 섭일은 일찍부터 흉노와의 밀무역에 종사해온 인물이었다. 그는 밀무역을 가장해서 흉노의 선우를 찾아가 달콤한 말로 미끼를 던졌다.

"제가 마읍현의 관리들을 모두 살해할 터이니 성을 빼앗으러 오십시오. 선우께서 좋아하시는 비단과 쌀도 얼마든지 있습니다."

선우는 그의 말을 그대로 믿고서 기병 10만을 거느리

고 장성을 넘어 남하하였다. 한나라 군사 30여만 명이 부근의 골짜기에 매복해 있는 줄도 모르고 마읍성馬邑城으로 다가갔던 것이다.

그런데 선우는 어쩐지 미심쩍은 생각이 들었다. 소와 양, 말은 여기저기 있는데, 사람 그림자라곤 전혀 볼 수 없으니 어찌 된 일일까?

망루 위로 얼핏 사람의 그림자가 비쳤다. 그를 붙들어 오니 한나라의 위사尉史[25]였다. 겁에 질린 그는 한나라의 계획을 모두 불어버렸다.

계획은 완전히 틀어지고 말았다. 계획의 입안자였던 왕회는 그런데도 여전히 궤변만을 늘어놓았다.

"그러나 신은 폐하의 군사를 다치지 않게 보전했습니다."

왕회는 승상 전분에게 천금千金의 뇌물을 바치고 구명 운동을 벌였고, 전분은 누나인 왕태후를 설득하였고, 왕태후는 무제에게 왕회의 죄를 사해달라고 말하였다. 그러나 무제는 더이상 모친의 말도 듣지 않았다.

"어머님, 그렇게 되면 천하에 사죄할 방법이 없습니다."

---

25) 현의 군사軍事를 책임지는 현위縣尉의 부하로 '하사관' 정도에 해당한다.

무제가 행한 조치는 그가 이미 완전한 어른이 되었음을 보여주고 있었다.

하지만 이렇듯 마읍성에서 저질렀던 실패는 무제의 마음속에 불쾌한 응어리를 남겼다. 좀스러운 일을 벌였던 탓에 선조의 치욕을 설욕하기는커녕 거듭 수치를 당한 꼴이 되지 않았는가?

마읍은 지금의 산서성山西省 삭현朔縣으로, 석불로 유명한 대동大同의 서남쪽에 있었다.

10.

마읍에서의 실패가 있고 난 뒤 4년 내내 그 일로 인한 풀 길 없는 응어리가 마음속에 앙금으로 쌓여 왔던 무제에게 있어, 사랑하는 여인의 동생을 통해 이렇듯 속이 후련하게 응어리를 풀게 되리라고는 그 자신도 필시 예상하지는 못했을 것이다. 그럴 정도로 위 황후의 동생인 위청衛靑이 흉노와의 전쟁에서 거둔 무훈은 눈부신 것이었다.

위청의 무예와 용맹함이 어디에서 생겨났을까에 대해서 나는 한 가지 상상에 근거한 주장을 펼치고자 한다. 흉노와의 전쟁에서는 보병을 위주로 하는, 중국의 기존 전술은 아무 소용이 없었다. 새로운 전법, 곧 기병전騎兵戰이 필요하였다. 위청이야말로 이러한 새로운 전법을 익히기에 유리한 환경에서 성장했던 경우가 아닐까 한다. 내력도 알 수 없는, 미천한 시녀가 낳은 사생아로 전통적인 병법 따위를 공부할 기회를 전혀 얻지 못했던 불우한 환경이 도리어 새로운 전술의 획득을 용이하게 해준 소극적 이유로 작용했다. 게다가 이 사생아는 한때는 자신의 생부 고향으로 보내져 본처의 이복형제들에게 갖은 구박을 받으며 몇 해를 양치기로 살아야 했던 적도 있었다. 생부의 고향은 산서성 평양平陽이었다. 당시 그 지방의 풍속은 상당히 흉노 풍으로 변해 있었으니, 양치기 목동들은 말에 뛰어 올라타서 산과 들판을 마구 휘달렸던 것은 아니었을까? 이렇듯 흉노화匈奴化한 한인漢人이야말로 흉노와 대적해 싸우는 데에 가장 적합한 인간이었다.

어찌 되었든 그가 세운 무훈은 빛나는 것이었다. 무제의 나이로 치자면 스물여덟 살에서 서른여덟 살에 이르는 기간에, 위청은 일곱 차례나 장성을 넘어 흉노를 공격했고, 매번 승리를 거두었다.

첫 번째는 누나 위자부가 황자를 낳기 전해인 원광 6년에 거기장군車騎將軍에 임명되어 기병 1만을 이끌고서 하북성의 북쪽 변경에 있는, 현재의 거용관居庸關 부근에서 출진하였다. 한편으로 산서성 북부에서도 한나라 군대는 세 갈래로 나뉘어 동시에 출진하였다. 하지만 다른 세 명의 장군이 목숨만 겨우 살아서 도망쳐온 것에 반해서, 위청만은 흉노의 본거지인 용성龍城까지 쳐들어가서 적 수백 명의 수급을 가지고 되돌아왔다. 한나라 군대가 중국 쪽에서 장성을 넘어 북쪽으로 출정한 일은 이때가 최초로서, 그것만으로도 획기적 일인데도, 게다가 위청이 흉노에게 승전했다는 사실은 이중으로 획기적 의의를 지니는 일이었다.

두 번째는 그 이듬해인 원삭 원년, 곧 누나 위 황후가 황자를 낳은 그해 가을에 기병 3만을 이끌고서 산서성의 안문雁門에서 출정하여 적군 흉노 수만 명의 수급을 베었다.

세 번째는 다시 그 이듬해에 산서성 운중雲中에서 출정하여 장성의 북쪽 지역을 서쪽으로 빙 돌아 말을 타고서 감숙의 농서隴西까지 갔다가 되돌아왔다. 이 루트를 따라 한나라 군대가 진군했다는 사실도 획기적인 일이었다. 여기서도 적군 흉노 수천 명의 목을 베고 백여 만 마리의 가축을 노획했는데, 더욱이 중요한 것은 현재의 수원성綏遠省[26]의 남방인 오르도스Ordos[27] 지역을 한나라의 세력권 안에 편입시키고, 그곳에 삭방군朔方郡을 설치케 한 일이었다. 그 일대는 황하의 상류가 훨씬 북쪽 지역을 서에서 동으로 흐르며, 장성은 남쪽으로 꺾이면서 움푹 패여 섬서성 북쪽으로 이어지는데, 이러한 장성과 황하 상류의 중간 지대에 바야흐로 한나라의 지방 관청인 군郡이 개설되었다. 무제의 꿈은 서서히 실현되어가고 있었다.

무제는 개선장군 위청에게 우악優渥[28]한 칙어를 내리고, 그를 장평후長平侯에 봉하여 제후로 삼았다. 한나라 시대에 제후로 봉해진다는 것은 일본의 메이지明治 시대나 다이쇼大正 시대에 화족華族[29]의 반열에 오르는 경우보다도 훨씬 더 대단한 일이었다. 일찍이 위청이 아

26) 중화민국 시기인 1928년에 설치되어 1954년까지 존속하였던 성으로 대체로 현재의 내몽골內蒙古 자치구와 일치한다.
27) 고대에는 '하남河南'으로 불렸는데, 본래는 황하가 최북단을 흐르는 하도河道의 남쪽 지역을 가리켰다. 황하가 크게 만곡하여 서쪽·북쪽·동쪽을 둘러싸고 있어 '하투河套'라고도 하였다. 명나라 이후에 몽골의 오르도스 부족이 이곳을 차지한 이후로 '오르도스'로 불리게 되었다. 현재는 내몽골 자치구 남쪽 끝 지역으로, 중국어로는 '어얼둬쓰鄂爾多斯'로 표기한다.
28) 은혜가 매우 두텁다는 뜻.
29) 일본의 메이지 헌법 시대에 황족 아래에 귀족으로 대우받던 신분을 가리킨다.

직 노비였을 무렵에, 어떤 죄수가 그의 관상을 보고서 그가 장차 제후가 될 상이라고 말한 적이 있었다. 그때 위청은 웃으면서 대꾸하였다.

"우리 같은 노비 생활은 주인에게 욕 안 먹고 매나 안 맞으면 그걸로 족하오. 내가 어찌 제후가 될 수 있단 말이오!"

하지만 위청은 마침내 제후가 되었다.

당시 무제가 내린 조서에 다음과 같은 구절이 나온다.

"흉노는 하늘의 이치를 거스르고 인륜을 어지럽히며, 윗사람을 모욕하고 노인을 학대하며 도적질을 일삼고 있다.……그래서 군사를 일으켜 장수를 보내어 저들의 죄악을 정벌하였다.……지금 거기장군 위청이 서하西河를 건너 고궐高闕에 이르러 적의 수급 2천3백 급, 물자와 가축[30]을 모두 전리품으로 노획하였다. 그래서 이미 제후에 봉하였다.……이제 다시 위청에게 3천8백 호를 더 봉하노라."[31]

---

30) 원문에 '거치축산車輜畜産'으로 되어 있는데, '거치'는 군수 물자를 운반하는 수레를 가리킨다.

31) 『한서』권55 「위청・곽거병전衛青・霍去病傳」 "匈奴逆天理, 亂人倫, 暴長虐老, 以盜竊爲務. (중략) 故興師遣將, 以征厥罪. (중략) 今車騎將軍靑度西河至高闕, 獲首二千三百級, 車輜畜産畢收爲鹵, 已封爲列侯. (중략) 益封靑三千八百戶."

11.

그런데 흉노 쪽도 한나라에 패하고만 있지는 않았다. 그 무렵부터 흉노 내부는 몇 갈래 세력으로 분열되어 있었고, 그러한 상황이 한나라에 더욱 유리하게 작용하였다. 하지만 군신선우가 죽고 나서 잠시 내분을 거친 뒤에 이치사伊稚斜라는 새로운 선우가 추장이 되자, 섬서성 북쪽에서 여러 차례 장성을 넘어 깊숙이 공격해 들어와 주민들을 괴롭혔다.

이에 2년 동안 병마를 휴식시키고 있던 위청은 다시 3만의 기병을 이끌고서 네 번째 원정을 행하였다. 이번에는 새로 설치된 삭방군의 요새 고궐 부근에서 출진하였다. 고궐은 지금의 포두包頭 서쪽, 황하의 북쪽 가에 있는 텡그리Tenguri호[32] 부근이었을 것으로 추정되고 있다.

싸움에서 늘 이기는 상승 장군 위청이 흉노의 왕족 10여 명, 흉노의 남녀 만 5천여 명, 가축 수십만 마리를 이끌고서 장성의 선까지 되돌아오자, 그곳까지 마중 나갔던 황제의 칙사가 대장군의 인수印綬를 위청에게 건

---

32)본래 몽골어인 '텡그리тэнгэр(騰格里)'는 흉노어로는 '탱리撐犂'로 표기되며 '하늘'을 뜻한다.

넀다. '대장군'이란 최고 지휘관에게 주어지는 칭호로, 여타 장군들은 모두 그 지휘 아래에 놓이게 되었다. 게다가 황제의 은명恩命은 그것으로 그치지 않았다. 위청의 세 아들이 부친의 공적으로 인해 모두 제후에 봉해졌다. 그중에는 아직 기저귀를 차고 있는 아이도 있었다.

위청은 그지없는 황제의 은혜에 감격해하며, 이 모든 것이 다른 장군들이 협력해준 공이라고 상주하였다. 다시 황제의 칙서가 내려지고, 일곱 명의 장군이 후侯, 곧 제후에 봉해졌으며, 네 명의 장군은 관내후關內侯[33]로서 대장군의 막료에 임명되었다.

위청은 이리하여 신하로서는 최고의 지위에까지 이르게 되었다.

이듬해인 원삭 6년에도 정양定襄, 곧 지금의 귀수歸綏에서 두 차례 출정하였다. 그것이 다섯 번째와 여섯 번째의 원정이었다. 그러나 이 해의 원정에서는 예전 정도의 전과를 올리지는 못했다. 한 명의 장군은 흉노에게 투항하였고, 또 한 명의 장군은 부하를 모두 잃고서 단신으로 도망쳐 돌아왔다.

그로 인해 위청의 성망聲望은 다소 하락하였다. 하지

---

[33] 보통의 제후와는 달리 도읍에 거주하며 자신의 봉지封地가 없는 제후를 가리킨다.

만 위 황후의 일족 중에는 여전히 무예와 용맹을 겸비
한 인물이 있었다. 이번에는 그가 위청을 대신해서 등
장하였다.

바로 황후의 조카인 곽거병霍去病이었다.

12.

황후와 위청을 낳은 위온, 곧 위씨 어멈은 두 사람 말
고도 사생아 몇몇을 더 낳았는데, 그 가운데 소아小兒라
는 딸이 있었다. 이 딸이 곽霍 아무개라는 인물의 첩이
되어 낳은 아들이 곽거병이었다.

이 조카 또한 외삼촌을 닮아서 활쏘기와 말타기의 명
수였는데, 외삼촌 위청이 어디까지나 꾸밈없이 진실하
고 중후했던 것과는 달리 곽거병은 다소 과묵하기는 했
지만 재기가 넘치고 민첩하였다. 한동안 시종무관으로
근무한 뒤에 외삼촌의 원정에 두 차례 종군했는데, 위
험한 지역에도 서슴없이 뛰어들었고 게다가 특별한 공
로까지 세웠었다. 당시 행해졌던 두 차례 원정에서 위
청은 별달리 훌륭한 전과를 거두지는 못했는데, 이 젊
은 조카의 부대만은 흉노 선우의 존속尊屬에 해당하는

사람 하나를 죽이고, 다른 한 명[34]을 생포하였다. 이 원정의 결과에 대해 총사령관인 위청을 비롯해 수많은 장수에게는 하나같이 은상恩賞을 주라는 분부가 없었지만, 곽거병만은 제후에 봉해졌다. 당시 그의 나이 겨우 열여덟 살이었다.

"용감한 것도 좋지만『손자孫子』나『오사吳子』같은 병법도 공부해보면 어떻겠나?"

무제가 그렇게 권유하자 젊은 시종무관은 싱긋 웃으며 대답하였다.

"싸움은 지략에 달린 것입니다. 이제 와 옛날 병법 따위를 공부하고 싶은 생각은 없습니다."

또한 저택을 지어주려고 하자, 그는 이렇게 말하고 거절하였다.

"흉노가 아직 멸망하지 않았으니 집 따위는 필요가 없습니다."

무제는 그런 그에게 더욱 호감이 가게 되었다. 그리하여 이 젊은 무사에게 부과할 새로운 임무를 생각해내었다. 그것은 서쪽 감숙성 지방에 있는 흉노 세력을 쳐서 없애려는 계획이었다. 그곳의 세력을 쳐 없애면 그

---

34)선우의 조부뻘 되는 인물과 숙부에 해당하는 인물이었다.

것은 단지 흉노의 기세를 크게 꺾는 일뿐만은 아니었다. 감숙성에서 더 서쪽에 있는 지금의 신강성新疆省 지방, 그리고 거기에서 더욱 서쪽에 있는 현재 구소련령에 해당하는 지역의 여러 나라와도 교통이 열리게 되는 일이었다. 게다가 그들 나라에는 진기한 산물이 풍부하다고 한다.

"그래, 그 임무를 이 의기 왕성한 젊은 무사에게 맡기도록 하자."

그의 이모인 위 황후 역시 기뻐하였음은 말할 것도 없었다.

한편 그다음 이야기를 하기 위해서는 잠시 시간을 거슬러 올라가 한나라와 서역 여러 나라와의 관계를 설명해야만 하겠다. 또한 저 유명한 장건張騫의 탐험대에 관한 일도 이야기하지 않으면 안 된다.

13.

한나라의 국도 장안이 있던 지금의 섬서성 서북방에, 마치 호리병을 가로로 눕힌 형태로 길게 동서로 뻗어 가로놓인 것이 감숙성 지역이다. 그 호리병 한가운데

움푹 파인 곳을 황하 상류가 남에서 북으로 흐르고 있다. 황하는 이 근처에서는 그런 식으로 흘러서 내몽골의 초원에까지 이르는데, 흡사 호리병 한가운데를 잡아맨 끈과 같은 생김새를 하고 있다.

그러한 황하의 끈에서 동쪽 반, 곧 호리병 밑동의 불룩한 부분은 장인의 북쪽을 흐르는 위수渭水의 상류 지방으로 한족漢族 세력이 미치기 쉬운 지역이었다. 그러나 황하의 끈에서 서쪽 반, 그러니까 양주涼州·감주甘州·숙주肅州·돈황敦煌 지방과 서쪽으로 길게 뻗어나가 마침내 호리병의 부리에 이르는 지역은 한족의 세력 밖에 놓여, 이민족이 함부로 날뛰는 곳이었다.

처음 이 지역에 살던 이들은 월지라는 종족이었다. 그런데 그곳으로 북동쪽에서 세력을 뻗쳐온 것이 흉노였으며, 이내 월지를 쫓아낸 뒤에 흉노는 그곳을 자신의 세력 하에 두게 되었다. 흉노 세력이 한나라를 북쪽과 서쪽에서 온통 에워싼 형세에 처해 있었다고 앞서 3절에서 말했던 것은 바로 그 때문이다. 그리고 쫓겨난 월지 종족은 서쪽으로 달아나 지금의 신강성 서북부의 이리伊犁 분지로 이주하였다. 호리병 모양의 감숙성에서 부리에 해당하는 서쪽 끝에 있는 곳이 옥문관玉門關

인데, 그곳에서 다시 서쪽으로 넘어가면 신강성이고, 거기에서 다시 서북쪽으로 구소련령에 걸쳐 있는 지역이 이리 대분지이다. 그곳이 월지의 새로운 본거지가 되었다. 그리하여 그 동쪽에 있는 호리병 모양의 감숙성이 흉노의 판도로 바뀌었던 것이 무제가 즉위했을 무렵의 전반적 형세였다.

그렇지만 고대에 있어 장성 바깥쪽의 형세는 정확히 알 수가 없다. 흉노는 문자가 없는 민족이었으므로 그들 자신이 아무런 기록도 남겨 놓지 않았다. 월지는 나중에 문자를 가지게 되지만, 이른 시기의 기록을 남기지 않았다는 점에서는 마찬가지라 하겠다. 한족의 기록이라 할 『사기』와 『한서』에는 상당히 자세하게 기재되어 있지만, 그렇다고 지도를 첨부해놓은 기록은 아니었다. 이렇듯 분명하지 않은 사실을 명료하게 밝히고자 하는 것이 19세기 이후 전 세계 동양학자의 과제 중 하나였으며, 그런 만큼 이설 또한 분분한 형편이었다. 그러한 이설들에 대한 상세한 내용은 그 방면의 전문가가 아닌 나로서는 잘 알지 못한다. 여기서 내가 하는 설명은 교토京都 대학 동양사학 교수였던 구와바라 지쓰조

桑原隲藏[35] 박사의 학설을 주로 따르고 있다.

요컨대 몽골고원을 본거지로 하는 흉노는 무제의 시대 이전에 이미 서쪽 호리병 모양의 감숙 지역까지도 장악하고 있었다. 그것은 마치 북방에서 장성의 남쪽 지역을 겨누고 있는, 대마왕大魔王이 오른손에 들고 있는 쌍비조雙飛爪와 같은 것이었다.[36] 그러한 호리병(과 같은 감숙 지역)을 동쪽으로 휘두르면 한족을 압박할 수 있고, 서쪽으로 휘두르게 되면 월지나 그 밖의 민족들을 압박할 수가 있었다. 그와 같은 형세에 놓여있었던 셈이다.

14.

그와 같은 형세를 무제는 즉위하던 첫해에 이미 흉노의 포로에게서 들어서 익히 알고 있는 터였다.

"월지는 본래부터 살던 땅을 흉노에게 빼앗겼을 뿐만 아니라, 월지 왕은 흉노에게 죽임을 당했고, 그의 해골

---

35) 1871~1931. 일본의 동양사학자. 교토 대학에서 동양사학을 가르쳤고, 동서교섭사의 권위로 이른바 '교토학파'의 창시자로 알려져 있다.
36) 마귀들의 우두머리인 대마왕이 '쌍비조' 또는 '클로claw'라고 불리는, 짐승 발톱 모양의 무기를 오른손에 들고 있는 모양을 연상하면 된다. 장성 안쪽의 중국 한족 상황에서 보자면, 감숙 지역이 그와 같이 자신들에게는 위협적인 무기의 역할을 한다는 것이다.

은 음기飮器[37]로 쓰였다고 합니다."

여기서 '음기'란 술을 따라 마시는 그릇의 뜻도 있지만, 한편으로 소변을 보는 용기라는 뜻으로도 풀이할 수 있다.

"그래서 월지는 흉노에 대한 원한이 이만저만이 아니어서, 함께 원한을 풀 수 있는 동맹국을 구하고 있다고 합니다."

무제의 가슴이 갑자기 희망으로 부풀어 올랐다.

"됐어, 그 월지인가 하는 나라와 동서로 흉노를 협공하도록 하자. 흉노는 우리 한나라에도 철천지원수다. 그러나 월지와 어떻게 연락을 취해야 할 것인가?"

그쪽으로 가려면 호리병 모양의 감숙성을 동쪽 끝에서 서쪽 끝까지 관통하여, 흉노 세력의 한가운데를 뚫고 나가지 않으면 안 된다. 무제는 이렇듯 곤란하기 그지없는 임무를 띠고 사자로 파견할 사람을 공모하였다.

그때 이러한 사자의 임무를 떠맡고 나선 인물이 장건이었다. 완력이 세고 대담하며, 참으로 믿음직스러운 대장부였다. 무제는 그를 위하여 백여 명 남짓한 탐험대를 조직해 서쪽을 향해 떠나도록 하였다. 이 일이 있

---

37)달리 '촉루배髑髏杯'라고도 한다.

었던 때는 무제가 즉위한 지 얼마 되지 않는 건원 연간
으로, 저 두 태후를 비롯해서 무제의 신변에 여전히 구
속이 많았던 시기의 일이었다. 이렇듯 무제라는 인물은
어지간히도 왕성한 공상력의 소유자라고 해야겠다.

15.

그런데 장건은 좀처럼 되돌아오지 않았다.

그 사이 무제는 흉노에 대한 대책을 착착 실행에 옮
겼고, 장성 이북의 흉노는 위청이 세운 무훈에 힘입어
거의 격퇴한 형편이었다.

위청이 세 번째 원정에 성공하여 오르도스 지방에 삭
방군을 설치한 이듬해인 원삭 3년의 일이다. 죽은 줄로
만 여겼던 장건이 뜻밖에 되돌아왔다. 월지를 향해 떠
난 지 13년째 되는 해였다. 그리하여 곤란했던 여행의
경과와 서방의 정세 등에 대해 황제에게 자세히 보고하
였다.

우선 그는 13년 전에 감숙성 동쪽에서 한나라의 세력
권을 벗어나 서쪽으로 마냥 길을 더듬어가는 도중에 흉
노의 순찰대에게 잡히고 말았다. 그것은 처음부터 각오

한 바였다. 선우 앞에 끌려간 장건은 솔직하게 대답하였다.

"월지국으로 향하는 길입니다."

선우는 비웃으면서 말하였다.

"월지는 우리나라보다도 더 서쪽에 있단 말이다. 가령 내가 광동으로 사자를 보낸다고 한다면, 너희 한나라는 국내를 통과하도록 허가할 텐가?"

그렇게 말하면서, 장건을 억류하고 흉노 여인을 처로 삼게 하였다. 이윽고 아이가 태어났다. 10년 이상 세월이 지났으나 그는 꾹 참고 기다렸다. 자신에게 명령을 내렸던 황제가 아마도 흉노에 대해 행동을 개시한 듯한 낌새였다. 그리고 흉노 쪽이 지고 있는 듯한 기미였다. 그런 정세의 변화를 포로다운 예민한 감각으로 느끼고 있었다.

마침내 탈주의 기회가 찾아왔다. 장건은 서쪽을 향해 마냥 달렸다. 달리고 달린 지 수십 일이 지나서 대완大宛이라는 나라에 닿았다. 대완국은 구소련령의 동남쪽인 이른바 페르가나Fergana[38] 지방에 있었다는 것이 정

---

38) 현재 우즈베키스탄의 페르가나와 타지키스탄의 후잔트Khujand 지역에 해당한다. 명마로 알려진 한혈마汗血馬의 산지로 유명했는데, 중국 문헌에는 페르가나의 음역어로 '拔汗那'·'破洛那' 등으로 표기되었다.

설이다. 그 나라도 대국이었는데, 또한 한나라가 동방의 강국이라는 사실을 잘 알고 있었기 때문에 장건은 환영을 받았다.

그곳에서 장건은 국왕에게 자신이 온 까닭을 밝히고 통역을 딸려서 월지국으로 보내줄 것을 부탁하였다. 그의 요청은 받아들여져서, 먼저 강거康居[39]라는 나라로 보내졌다가, 나중에 그곳에서 다시 목적지인 월지국으로 보내지게 되었다.

하지만 정작 월지국에 도착해보니 크게 실망하지 않을 수 없었다. 우선 첫째로 그 나라의 위치가 예전에 들었던 장소와는 달랐다. 감숙에 있던 월지가 흉노에게 쫓겨나면서 자리 잡았던 곳이 신강성 서쪽 끝인 이리 지방이라고 듣고 왔는데, 그 이리 지방에서도 이번에는 오손烏孫이라는 민족에게 쫓겨나서 다시 훨씬 머나먼 서쪽인, 구소련 동남쪽의 소그디아나Sogdiana[40] 지방으로 두 번째 이주를 한 상태였다. 두 번째 이주지는 무척이나 풍요로운 토지였던 까닭에 그 지역에 완전히 정

---

39)대완국의 서북쪽, 곧 현재 카자흐스탄의 남부에 있었던 고대 유목국가로 알려져 있다.
40)고대의 유목민족인 '소그드Sogd인의 도시'라는 뜻의 지명으로 중국에서는 '속특粟特'이라 불렀다. 현재는 대부분이 우즈베키스탄에, 북서부의 일부가 타지키스탄에 속한다.

착해버리고 말았던 탓에 흉노에 대한 원한 따위는 벌써 까맣게 잊고 있었다.

"우리 한나라는 동방의 대국입니다. 물자도 풍족하거니와 영명하신 천자가 계십니다. 서로 협력하여 공동의 적인 흉노를 물리칩시다."

그렇게 힘껏 설득하는 장건에 대해 월지국 여왕의 반응은 지극히 냉담하였다. 이 여왕은 저 흉노가 해골을 음기飮器로 삼았던 선왕의 미망인이었는데, 그토록 냉담했던 반응은 어째서인가? 여왕의 그런 태도도 무리는 아니었다. 장건의 말대로 한나라가 동방의 강국이라는 점을 믿는다고 하더라도, 한나라는 너무나 멀리 떨어져 있었다. 게다가 월지국은 당시 남쪽에 이웃해 있는 대하大夏라는 큰 나라까지 완전히 복속시켜서 더없이 득의양양해 있었다. 장건은 그 대하라는 나라에도 구경하러 갔었지만, 정작 교섭은 조금도 진척되지 않았다.

그런데 장건이 구경하러 갔다는 '대하'라는 곳은 어디를 말하는 것일까? 그곳은 바로 마케도니아의 영웅 알렉산더 대왕이 행한 동방 경략의 발자취로 동방에 남아 있던 그리스인 국가 박트리아Bactria가 있었던 곳이다. 그리스어로는 옥수스Oxus강으로, 현지 언어로는 아무르Amur강이라 불리던 강[41]의 상류에 위치하며, 지금은 아프가니스탄 영토에 속한다. 그리하여 장건이 그곳을 구경하러 가기 얼마 전에 헬리오클레스Heliocles라는 그리스인 왕을 마지막으로 박트리아라는 나라 자체는 멸망해서 사라져버렸지만, 그리스 문명의 유택遺澤은 아직 농후하게 남아있었을 것이 틀림없었다. 그 방면의 사정에 관해서는 하네다 도루羽田亨[42] 박사의 『서역西域문화사』를 읽는 것이 가장 확실하고도 손쉬운 방법이다. 동방 문명의 첨단과 서방 문명의 첨단은 상대 문명의 내용을 잘 알지도 못한 상태에서 이곳에서 서로 마주쳤던 셈이다. 장건 또한 이 지방이 여타 유목민족의 거주지와는 달리, 무엇인지는 잘 모르겠지만 일종의 이국적exotic 문명의 소재지임을 강렬하게 느꼈던 모양이다. 귀국 후의 보고에서 그는 늘 대하에 관한 일을 강조하고 있다.

하지만 정작 월지국과의 동맹이라는 중대한 사명은 중심을 잡을 수가 없었다. 장건은 1년 남짓 꾸물거리다

---

41) 지금은 '아무다리야Amu Darya강'으로 불리며, 한자로는 '규수嬀水' 또는 '오호하烏滸河'로 표기되었다.
42) 1882~1955. 일본의 동양사학자. 서역사西域史의 권위자로서 구와바라 지쓰조 등과 함께 교토 대학의 동양사학을 이끌었다.

가 마침내 단념하고서 동쪽으로 돌아가기로 했다. 올 때는 신강성의 북반北半, 곧 천산북로天山北路로 길을 잡았으나, 돌아갈 때는 신강성의 남반南半, 곧 천산남로天山南路를 통해서 청해青海 쪽으로 빠져나오려 했다는 것이 구와바라 지쓰조 박사의 설이다. 돌아가던 도중에 또다시 흉노의 순찰대에게 붙잡혀 다시금 1년여의 세월을 보냈는데, 때마침 군신선우가 죽어 흉노의 국내 사정이 어수선한 틈을 타서 탈주할 기회를 얻었다.

이리하여 장건은 13년 만에 장안으로 되돌아왔다. 처음에 그를 따라갔던 백여 명의 일행 가운데 살아서 함께 되돌아온 이는 오랑캐 출신 시종[43] 단 한 사람뿐이었으며, 그 밖에 억류 중에 결혼했던 흉노인 처가 있었다. 시종은 기나긴 여행 중에 종종 활로 들새를 잡아 장건의 허기를 면하게 해주었다.

이것이 이른바 장건의 비단길 착공鑿空[44]—장건의 탐험 여행이었다.

---

43) 장건이 월지로 출발할 적에 길잡이 겸 통역으로 따라갔던 인물로 이름은 당읍보堂邑父이며 본래 흉노 출신이라는 설이 있다.
44) '착공鑿空'은 본래 '새로운 길을 뚫다'라는 의미로 사마천이 『사기』 권123 「대완열전大宛列傳」에서 '장건이 길을 뚫었다(張騫鑿空)'라는 표현을 한 데에서 유래한다.

16.

그런데 장건은 여행의 진행 과정에 대한 보고를 마치면서 무제의 대외 정책을 더욱더 화려하게 빛낼, 매우 중요한 진언을 올렸다.

"신이 보고 왔던 나라들 가운데 대완·대하·안식安息 등과 같은 나라들은 모두 대국이었으며, 이들은 유목 생활을 하지 않고 토지에 정착해 사는 민족들이었습니다."

그러한 나라들이 그리스 문화의 여광餘光을 입은 지역이라는 사실을 장건은 알지 못하고서 그렇게 말했다. 대완은 앞서 말했듯이 페르가나, 대하는 박트리아, 그리고 안식은 파르티아Parthia 곧 지금의 이란이었다.

"그러한 민족이었던 만큼, 풍속도 중국과 비슷하고, 또 그런 이유로 군사력은 약했지만 모두 중국과의 무역을 열망하고 있습니다. 또한 그 북방에 있는 대월지와 강거는 무용武勇을 숭상하는 나라들이기는 하지만, 그들도 이익으로 구슬리면 반드시 중국에 내조來朝할 것입니다. 그 나라들을 왕도로써 복속시킨다면, 그러면 판도의 넓이는 수만 리에 이르게 되고, 성인이 다스리는 태평한 시대에는 아홉 번이나 통역을 거쳐야 하는 기이한 나라들까지도 모두 우리 중국에 내조하게 된다고 옛글에 쓰여 있는데, 그러한 옛글에 쓰인 그대로, 폐하의 위덕威德이 온 세상에 고루 미치게 될 것입니다."

장건은 다시 말을 이었다.

"그런데 지금은 대하에 가려면 아무래도 흉노의 영토를 통과하지 않으면 안 됩니다. 하오나 또 다른 별도의 교통로가 있는 듯하옵니다. 제가 대하에 있을 때, 그곳에서 사천四川의 물산을 발견했습니다. 하나는 공산邛山의 대나무 지팡이였고, 다른 하나는 촉포蜀布였습니다. 어떻게 사들였는가 물었더니 상인들은 신독身毒이라는 나라에서 사 온다고 말했습니다. 신독이란 대하의 동남쪽, 중국의 서남쪽에 있는 나라인바, 그 나라 사람들은 코끼리를 타고서 전쟁을 한다고 합니다. 사천의 물산이 그곳으로 들어간다면, 사천에서 그리 멀지는 않을 것입니다. 대하로 가는 통로로 신독과의 교통을 여는 것이 어떠하올지요."

'신독'이란 틀림없이 힌두Hindu, 곧 인도를 말한다. 장건의 이러한 시사에 좇아서, 일시 중지 상태에 있었던 '서남이西南夷' 곧 귀주·운남 지방의 추장들과의 교섭을 다시금 재개하게 되었다.

무제 즉위 초기에 지금의 귀주 지역이 광동, 곧 당시

남월로 통하는 교통로로 주목받아 당몽이라는 인물이 우선 귀주 북부의 우두머리인 야랑국의 왕에게 교섭을 위해 파견되었다는 사실은 이 장의 7절에서 이미 언급한 바 있다. 그 당시 야랑국의 왕을 비롯해 그 인근의 추장들은 한나라 사자의 말을 듣고서 간단히 복종을 서약하였다. 한나라 사자가 가저온 비단도 탐이 났거니와, 설마 이 험준한 산중으로 한나라 군대가 진짜로 오는 일은 없으리라고 생각했기 때문이었다. 하지만 그것은 만인蠻人의 얕은 생각일 뿐이었다. 한나라에서는 바로 사천에서 인부들을 보내어 군용 도로를 닦기 시작하였다. 지나치게 많은 인력이 징발되었던 탓에 사천의 유력 인사들이 불평을 터뜨렸고, 그 때문에 황제 측근의 문사로 사천 출신 사마상여가 성도成都로 가서 고향의 유지들을 위무했던 문장45)이 그의 주요 작품의 하나로 전해지고 있다. 그러한 노력에 비해서 성과가 나타나지 않은데다가, 한편으로 북방의 흉노 정벌이 시급하였던 관계로 서남이 방면의 경략은 일시 중단 상태에 놓였는데, 장건의 진언으로 말미암아 재개되었다.

예전에 동남쪽 광동 방면으로 통로를 열려 했던 것은

---

45)『문선』권44에 실려 있는「유파촉격喩巴蜀檄」이라는 작품이다.

일의 발단이 당몽이 광동에서 맛보았던 사천의 구장 때문이었다. 이번 서남 인도 쪽으로 새로운 통로를 여는 데도 그 발단이 지팡이와 촉포蜀布에서 비롯되었다. 그 발단은 비록 우연한 것이었지만 예측은 절대로 빗나가지 않았다. 지금의 광동특별시[46], 곧 남월의 도읍 번우番禺의 시내를 흐르는 주강珠江은 분명 귀주에서 발원하고 있으며, 운남에서는 적어도 미얀마로 갈 수 있다는 사실은 최근에 개통된 버마로드Burma Road[47]가 잘 보여주고 있다.

하지만 무제의 기대와는 달리 인도에 도달할 수는 없었다. 만약 인도로 가는 길이 이때 열렸더라면, 불교는 후한後漢의 명제明帝 때까지 기다리지 않고 100년쯤 빨리 중국에 전래했을 것이다. 그러나 어찌 되었든 귀주와 운남 지방만은 한나라에 복속하여 그 지역에 한나라의 지방 관청인 군郡이 속속 개설되기에 이르렀다. 물론 그것은 이때부터 십수 년 뒤의 일이기는 하다.

이제 당면한 과제로 다시 돌아와 청년 장군 곽거병의 감숙 정벌에 관해 이야기해보기로 하자.

---

46) 현재 광동성의 성도인 광저우廣州를 가리킨다.
47) 버마, 현재의 미얀마 라시오Lashio를 기점으로 중국 운남성 곤명에까지 이르는 총 길이 1154킬로미터의 도로로 1939년에 완성되었다.

17.

『사기』와 『한서』에서, 곽거병을 총대장으로 하는 감숙 원정이 장건의 보고로 말미암아 유발되었다는 식으로는 설명하고 있지는 않다. 그러나 양자 사이에 어떤 연관이 있었다고 보는 편이 오늘날 역사학자들의 일반적 견해이다. 장건이 가지고 돌아온 시방 여러 나라의 사정에 관한 정보는, 흉노 정벌의 성공으로 자신감에 넘쳐 있던 황제에게는 대단히 매혹적이고도 또한 새로운 열정의 원천으로 작용했음에 틀림이 없다. 그곳으로 통하는 길을 열기 위해 귀주와 운남 등 서남이 지대에 대한 공작도 물론 한편에서 추진되었다. 기내畿內와 바로 서쪽으로 인접해 있는 감숙 호리병, 그곳이야말로 진정 서방으로 통하는 입구임에 틀림이 없었다.

"그곳까지 뻗쳐 있는 흉노의 손길을 제거하자. 다행히 흉노의 본거지인 북방은 위청이 거지반 평정했다. 흉노는 이제 조금만 더하면 끝장을 낼 수가 있다. 그런데 위청은 거듭된 출정으로 너무도 지쳐 있다. 게다가 나는 요사이 저 사람에게 짜증이 나기 시작한다. 짜증스러운 것으로 치면 그 누나 황후도 이제 꽤나 늙고 말았다. 서른하고도 몇 살이 더 되었지? 아니, 누나의 성질에도 본래 짜증스러운 구석이 있고, 위청도 그런 누나의 성격을 많이 빼닮았다. 그에 비하면 조카인 곽거병은 실로 재기발랄하다. 내가 처음 사랑했을 무렵의 그 여인처럼 생기발랄하다. 그렇다, 새로운 임무는 새로운 인재를 발탁해 맡겨야겠다."

그리하여 새로운 장수는 과연 무제의 기대를 저버리지 않고, 서방의 감숙 원정에서 훌륭한 전과를 거두었다. 그러한 성공이 연속 세 차례 출정을 통해 단 1년 안에 이루어졌다는 사실 역시 스무 살의 젊은 장군에게 잘 어울린다 하겠다.

18.

그것은 위청이 별달리 성과를 올리지 못하고 곽거병만이 전과를 거뒀던 먼젓번의 원정이 있고 난 후 두 해가 지난 뒤였다. 곧 원수元狩 2년 봄의 일이었다. 표기장군票騎將軍[48]이라는 칭호를 받은 스무 살의 곽거병은, 기병 만 명을 거느리고서 감숙 호리병의 중앙을 묶는 황하의 끈 지대를 향해 치고 나가서, 그 지방의 흉노 속

───────────

48)'표기장군驃騎將軍'으로도 표기한다.

국의 왕 두 사람의 목을 베고, 흉노 수령 혼야왕渾邪王의 왕자를 사로잡은 것을 비롯해 8960명의 수급을 거두었다. 그리고 그밖에 노획한 온갖 전리품 중에는 흉노가 하늘에 제사 지낼 때 쓰던 거대한 구리 신상神像[49]이 있었다. 이것은 이윽고 훗날 무제가 그와 유사한 거대한 조각상을 만드는 데 힌트를 주었다.

이러한 혁혁한 전과도 젊은 장수에게는 단지 준비 운동에 불과하였다. 그해 여름에 다시 출정하여 이번에는 감숙 호리병의 서쪽 끝 기련산祁連山, 거연택居延澤 부근까지 쳐들어가서 복속시키고 되돌아왔다. 노획한 포로수는 이전보다 훨씬 더 많았고, 숨 돌릴 새도 없이 민첩하게 움직였다. 다른 장수들과 부대를 나누어 출정했는데, 여타 장수들은 종종 곤경에 처했지만, 곽거병만은 언제나 승리를 거두었다. 물론 최정예 병사들이 그의 수하에 배치되었던 덕분이기도 하였다. 하지만 언제나 최선봉에 서서 적에게 돌진하는 곽거병의 억센 행운은 마치 신이 그를 돕고 있는 듯이 보일 정도였다.

안절부절못했던 쪽은 흉노 선우였다. 그토록 곽거병에게 맥을 못 추다니 어찌 된 일이냐며 감숙의 흉노 수

---

49) 원문에는 '제천금인祭天金人'이라고 되어 있다.

령이었던 혼야왕을 힐책하였다.[50] 혼야왕은 분개하여 한나라에 투항하겠다고 제의해왔다. 흉노 진영은 이미 인화人和를 잃고 있었다.

투항하는 혼야왕을 맞이하기 위해서 곽거병이 세 번째로 파견되었다. 무제는 그 일이, 자신이 일찍이 마음에서 행하려 했던 것과 같은 적의 거짓 계략일지도 모른다고 걱정하였다.

감숙의 중앙을 가로지르는 황하의 끈 지대 서쪽까지 나아간 곽거병은 그곳에서 혼야왕의 군대와 맞닥뜨렸다. 투항하겠다는 제의가 거짓은 아니었지만, 그의 부하 중에는 막상 때가 닥치자 투항을 꺼리는 자들이 나타났다. 곽거병은 혼야왕의 진중으로 들어가 그와 회견을 마치고서 항복을 원치 않는 부하 8천여 명의 목을 베었다. 그리고 혼야왕만 단신으로 천자 앞으로 보내고, 혼야왕의 부하 흉노 수만 명은 곽거병 자신이 직접 이끌고서 장안으로 귀환하였다.

이 일은 참으로 한나라가 건국한 이후 일대 성사盛事였다. 아니 유사 이래의 경사로운 일이었다. 흉노 수령이 자신의 부하들을 데리고 항복하러 장안에 오다니,

---

50) 원문에는 '혼야왕을 소환해 죽이려고 하였다(欲召誅渾邪王)'라고 되어 있다.

20년 전에 어느 누가 이런 일이 있으리라 예상인들 했을까? 서른여섯 살 황제의 가슴은 기쁨으로 터질 것만 같았다. 귀순한 흉노 수령들은 모두 제후로 봉해지고 융숭한 대접을 받았는데, 이로써 중국의 천자가 만국의 왕임을 사실에 근거해 보여주고자 했던 것이다. 곽거병이 후한 은상을 받았음은 더 밀할 나위도 없다.

그 후로 감숙성 일대는 완전히 한나라 세력권에 편입되었다. 감숙 뿐만이 아니었다. 감숙 호리병의 서쪽 끝부리 지역을 다시 서쪽으로 넘어서, 신강성의 천산남로에 있는 짠물호수인 로프 노르Lop Nor[51] 부근에서도 흉노의 모습은 더이상 찾아볼 수 없게 되었다.

19.

"이렇게 된 이상, 북방에 있는 흉노의 본거지까지도 일거에 궤멸시켜 버리지 않으면 안 된다. 선우 본인을 장안으로 데리고 와서 중국 문화의 은택에 젖도록 해야지."

다음다음 해인 원수 4년, 무제는 최대 규모의 원정군

---

51)현재의 신장 위구르 자치구에 있는 호수로 중국어로 '뤄부포羅布泊' 호라고 일컬어지는데, 일명 '방황하는 호수'로도 유명하다.

을 일으켰다. 이번에는 대장군 위청, 표기장군 곽거병 두 사람을 함께 총사령관에 임명하였다. 서방 지역을 한나라에게 빼앗기고 난 뒤부터 흉노 주력은 훨씬 동방의 지역에 집중해 있었다. 장군 두 명이 동시에 하북과 산서 방면에서 북쪽으로 치고 나가며 각각 기병 5만과 후속 보급 부대 수십만 명을 거느리게 하되, 최정예 부대는 위청보다는 곽거병의 휘하에 배속하게 하였다. 처음에는 곽거병의 부대가 산서의 북쪽 정양定襄에서 출진할 예정이었다. 그러나 선우의 행처行處가 좀 더 동쪽에 있다는 소식이 전해지자, 계획을 변경해서 곽거병이 좀 더 동쪽의 대군代郡에서 출진하고 위청의 부대가 정양에서 나아가기로 하였다.

하지만 결국에 선우와 맞닥뜨린 쪽은 위청이었다. 선우의 참모장은 예전에 흉노에서 한나라에 투항했다가, 그 뒤에 흉노 쪽으로 다시 넘어간 조신趙信이라는 인물이었다. 이 인물의 계책을 받아들여 선우는 고비사막 훨씬 북쪽 멀리까지 병력을 옮겨놓고서 한나라 군대를 지치게 할 작정이었다. 이른바 '이일대로以逸待勞'[52]의

---

52)『손자병법』「군쟁軍爭」 편에 나오는 말로 '편안함으로써 피로해지기를 기다린다'라는 뜻이다. 아군이 편안하게 휴식을 취하여 전력을 비축하고 나서 피로해진 적을 상대한다는 전술이다.

계략이었으나, 사실 위청 부대가 그곳에 먼저 도착해서 선우의 군진을 빙 둘러싸고 말았다. 때마침 날이 저물어 바람이 점차 거세게 불면서 자갈이 휙휙 날리는 바람에 적인지 아군인지 피아를 분간할 수가 없었다. 선우는 겨우 목숨만 붙어서 탈출하였고 십수 일 동안 행방을 알 수가 없었다.

처음 예상과는 달리 선우 본인을 생포하는 일은 실패하고 말았다. 그러나 이후로 흉노는 고비사막 이북, 곧 막북漠北의 땅으로 달아나 더이상 막남漠南 지역을 넘보지 않게 되었다.

원정군이 귀환하자 곽거병과 그 휘하 부장들만이 노획한 포로 수가 단연 많다는 이유로 황제의 은상을 받았고, 반면에 위청과 그 부장들은 황제의 은상을 받지는 못했다.

또한 새로이 대사마大司馬라는 최고 관위를 만들어 위청과 곽거병을 동시에 그 자리에 임명하였다. 말하자면 두 사람을 모두 원수 자리에 임명한 것이다. 아무래도 곽거병을 위청보다 윗자리에 앉힐 수는 없었다. 하지만 황제는 최소한 동등한 지위로는 해주고 싶었던 셈이다. 세간의 여론과 평판도 황제의 의향을 살펴서 곽거병 쪽

으로 기울었으며, 이제까지 위청의 문전을 드나들던 문
객들은 단 한 사람 임안任安[53]이라는 인물을 빼고서는
모조리 곽거병 저택의 사랑방으로 몰려가 벼슬자리를
얻었다.

20.

위청과 곽거병, 이 두 사람은 무제의 시대를 통틀어
가장 눈부시게 활약했던 장수들이다. 또한 무제의 신임
을 가장 두텁게 받았던 무인이었다. 하지만 두 사람이
숙질 사이임에도 불구하고, 서로의 성격에는 상당한 차
이가 있었음은 내가 이제껏 해온 설명으로도 충분히 짐
작되는 바이다.

도대체가 두 사람은 성장 배경부터가 달랐다. 태생이
미천한 것은 조카인 곽거병이나 외숙인 위청도 매한가
지였지만, 앞의 10절에서도 언급했듯이 외숙인 위청은
진짜 가난뱅이의 자식으로 유년 시절을 보낸 데 반하여
조카인 곽거병 쪽은 철이 든 십 대에는 벌써 천자의 총

---

53)친구 사이인 사마천과 편지를 주고받았으며, 사마천의 저 유명한 문장 「보임안서
報任安書」의 장본인이다.

희寵姬의 일족이었다. 그의 생모는 곽거병을 낳았던 첫 남편과는 이미 이별하고서, 황제의 칙명에 따라 진장陳掌이라는 제후를 두 번째 남편으로 섬기고 있었다. 일설에는 생모가 예전부터 이 인물과 정을 통하는 사이였다고도 한다. 어쨌든 곽거병은 어린 시절에 이미 새로운 제후 부친을 만나 고생을 모르고 자랐으며, 그와 동시에 무제를 측근에서 모시는 시종무관이기도 하였다. 그래서 외숙인 위청에게 배어있는 촌티가 없었다. 그것만으로도 더더욱 무제의 마음에 드는 성격이었다. 무제는 조카 곽거병에게는 『손자』나 『오자』 같은 병법서를 읽어보라고 권했지만, 외숙인 위청에게는 그런 말을 한 적이 없었다. 위청 쪽은 글을 읽을 줄 몰랐을 테니 말이다.

두 사람의 성격 차이는 전쟁터에서도 드러나고 있다. 부하 병사들이 군량이 떨어져 곤경에 처했는데도 곽거병은 태연자약했다. 운동장을 만들어 공을 차기까지 하였다. (병사들이 굶주리고 있는데도 정작) 황제가 하사한 궁정의 진수성찬이 수십 대 수레 분량이나 길바닥에 내팽개쳐진 일도 있었다.[54] 그에 반하여 위청 쪽은 어디까지나 근엄하여서, 여러 차례 출정에도 불구하고 부하의

---

54) 곽거병의 성격이 교만하여 병사들을 돌보지 않았음을 지적하는 말이다.

목을 벤 일이 단 한 번도 없었다. 부하 장교 하나가 중대한 과실을 범했을 때, 참모들 가운데 목을 베어야 한다느니 말아야 한다느니 의견이 분분했지만, 그는 이렇게 말했다.

"요행히도 나는 황후의 친척이라는 이유로 지금의 지위에 올랐다. 함부로 사람을 죽이지 않더라도 위엄을 유지할 수 있다. 물론 대장에게는 부하를 참수할 권한이 있다. 그러나 그런 권한을 행사하기보다는 천자의 재단裁斷에 맡기는 편이 온당하지 않겠는가?"

또한 지식인에 대해서도 곽거병은 거만했지만, 위청은 정중하였다. 원훈元勳인 위청에 대해서는 모든 신하가 특별한 경의를 표하도록 하라는 것이 황제의 희망이었는데, 다음의 3장에서 다루게 될 급암汲黯이라는 고집 센 대신만은 위청을 만나도 간단한 인사만을 할 뿐이었다. 어떤 인사가 보다 못해서 주의하라고 하자, 급암은 이렇게 대꾸하였다.

"대장군한테도 한 사람쯤은 가볍게 인사하는 인간이 있는 게 좋겠지."

이 얘기를 전해 들은 위청은 그 후로 더욱더 급암을 존경하였다.

하지만 그런데도 그가 지식인들 사이에서 명성이 없었던 이유는 교양이 없었기 때문이었을까?

21.

어쨌든 외숙과 조가, 두 사람의 무훈은 무제를 충분히 만족시켰으며, 황후 위자부의 지위를 더욱 공고히 만들어주었다. 그렇지만 무제의 사랑이 일찌감치 다른 여인에게로 옮겨갔으며, 새로운 총희 왕王 부인이 위청에게서 천금을 받았다는 기사가 보인다. 그러나 그 때문에 황후의 지위가 흔들렸던 일은 없었다.

그리하여 황후가 낳은 황자가 일곱 살이 되자 정식으로 황태자 책봉식이 거행되었고, 황태자의 학문을 위해 학당을 열고서 교육을 담당할 태자태부에는 근직謹直한 석경石慶이 선임되었다. 이 인물은 재사들로 가득 차 있는 무제의 조정에서는 보기 드물게 고지식한 사람이었다. 일찍이 궁정 거마를 관리하는 벼슬인 태복太僕으로 무제의 어가를 몰게 되었을 때, 무제는 그에게 수레 끄는 말이 몇 마리인지를 물었다. 석경은 채찍을 들어서 일일이 헤아렸다.

"한 마리, 두 마리, 세 마리, 네 마리, 다섯 마리, 여섯 마리. 폐하, 여섯 마리입니다."

하지만 천자가 타는 어가가 육두 마차라는 것은 누구라도 아는 뻔한 사실이었다.

이리하여 행복이 황후와 황태자 위에 찬란히 빛나고, 영광은 위씨 일족 위에 영원히 빛날 것처럼 보였다. 그러나 최전성기가 으레 그렇듯 언제까지나 계속되는 법은 아니었다.

청년 장군 곽거병은 화려한 감숙 정벌이 있고 난 뒤 겨우 4년 만에 스물네 살의 나이로 세상을 떠나고 말았다. 그것은 위 황후에게는 오히려 커다란 타격이 아니었던 것으로 보인다. 그렇지만 황제에게는 심대한 타격이었다. 공적으로는 국가적 손실로 인식되었으며, 사적으로는 가장 사랑하는 신하와의 영이별이었다.

곽거병이 죽고 난 후에도 위청은 여전히 건재하여 그 후로도 십수 년을 더 살았다. 하지만 흉노에 대한 원정은 이후 무제 말년에 이르도록 줄곧 중단되고 말았다. 그것은 흉노 세력이 쇠퇴하였기 때문이기도 하지만, 서방·남방·동방 및 기타 외국을 경략하는 사업에 분주하였기 때문이기도 하였다. 나는 곽거병의 죽음이야말로 가장 유력한 원인이 아니었을까 생각한다.

곽거병은 물론 국장의 예로써 장사를 지냈다. 위수
북쪽에 무제가 자신의 능묘로 조성하고 있던 무릉茂陵
곁에 마련된 곽거병의 무덤은 일찍이 그가 무훈을 세웠
던 장소인 기련산을 본떠서 만들어졌다.

곽거병의 죽음, 그것은 내게 무제의 시대가 2기에서
3기로, 다시 말해 최전성기에서 그렇지 않은 시대로 넘
어가는 전환기처럼 느껴진다. 그때 무제는 만으로 마흔
살, 즉위 25년째였다.

이어지는 다음 장에서 나는 이 최전성기를 돌이켜보
면서 약간 다른 측면에서 좀 더 설명하고자 한다. 그런
이유로 다음 장을 별도로 두었다.

공손홍公孫弘의 인장印章으로 전해지고 있으나 진품 여부는 알 수가 없다. 오른쪽이 '公孫弘印', 왼쪽이 '平津侯章'이다.

3장
인재의 발탁과 현량

1.

위청과 곽거병, 두 원수가 흉노 정벌 총사령관으로
종횡무진 활약을 벌이던 무제의 삼십 대 시절, 곧 원삭
· 원수의 시기가 무제의 생애 가운데에서도 상승세가
가장 급격했던 최전성기였음은 앞서 다른 측면에서도
지적했던 바와 같다. 비단 무신들만이 변방에서 무위를
떨쳤기 때문만은 아닐 것이다. 문신들 역시 수많은 훌
륭한 인재들(제제다사濟濟多士)로 흘러넘쳤기 때문이다.

널리 인재를 천하에 구하고자 했던 무제의 뜻은 또한
즉위 초부터 두드러졌다. 건원 원년이라면 즉위한 바로
다음 해인데, 그해 초에 벌써 최고 행정기관인 승상, 최
고 검찰기관이자 부수상이기도 한 어사御史, 그리고 열
후, 각 기관의 장인 중이천 석中二千石과 이천 석[1], 또한
각 지방에 분봉한 제후의 보좌역인 상相의 자리에 있는
이들에 대해서 '현량방정賢良方正하고 직언극간直言極諫[2]
하는 인재를 추천하라'는 조칙을 내리고 있다. 이런 방
법으로 인재를 구하는 것은 조부 문제 때부터 때때로

1)한나라 관리의 등급은 봉급으로 받는 쌀인 봉미俸米의 양으로 정했다. 승상과 대
사마는 만 석, 어사와 구경九卿은 중이천 석, 제후의 상은 진眞 이천 석, 군郡의 태수
는 이천 석, 군의 도위都尉는 비比 이천 석 등이었다.
2)'성품이 어질고 말과 행동이 바르며, 옳고 그른 것에 대해 기탄없이 말하고 끝까지
극력으로 간하다'라는 뜻이다.

시행해오던 일이었는데, 열일곱 살의 천자는 이를 당장 시행하였다. 하지만 당시의 승상은 무제가 황태자로 있을 무렵의 태자태부였던 위관이었다. 위관은 "추천을 받고서 장안으로 모여들었던 이들 가운데는 아무래도 언동이 심히 순수하지 못한 자들이 있습니다"라고 하면서 그들 대부분을 잡아 가두고 말았다. 어린 천자에 대한 보수 세력의 속박은 여전히 엄혹하였다.

하지만 당시 제일의 대유로 일컬어지던 동중서董仲舒가 무제의 지우知遇를 입은 것은 역시 이 해에 천거 받은 이들 가운데 한 사람으로 황제가 친림親臨한 인재 등용 시험에 응했기 때문이라고 보는 것이 학자들 사이에서 유력한 설이다. 무제가 출제한 시험 문제와 동중서의 답안은 모두 『한서』에 상세히 기록되어 있다. 황제가 출제한 것은 세 문항인데, 세 문항 모두 "어떻게 하면 고전에서 볼 수 있는 이상사회를 재현할 수 있는가"라는 질문을 반복해 묻고 있는데, "유사有司[3]를 꺼리지 말라(무휘유사毋諱有司)", 다시 말해 보수 세력을 대표하는 대신들을 꺼려서, 불충분한 답안을 쓰지 않도록 하라고 빈틈없이 배려하는 당부의 말까지 붙여두고 있다. 또

---

3) '해당한 일을 맡아보는 관리'라는 뜻이다.

한 동중서의 답안은 공자의 역사철학에 관한 저술로 일컬어지는 「공양춘추전公羊春秋傳」의 이론에 근거해서 자신의 주장을 상세히 전개하고 있는데, 그중에는 이후의 중국 사상사와 사회사의 방향을 결정하는 매우 중요한 주장들을 포함하고 있다. 동중서는 "좋은 세상을 만들기 위해서는 학문적 교양을 가진 인간이 관리가 되어야만 한다"라고 주장하였다. 거기에 다시 답안의 마지막을 마무리하는 다음과 같은 발언이 더욱 중요한 의미가 있다.

"그렇다면 학문이란 무엇인가? 그것은 공자의 도道이다. 무엇이 교양인가 하면, 그것은 공자가 인간에게 반드시 있어야 한다고 주장했던 역易·서書·시詩·예禮·악樂·춘추春秋의 여섯 가지 교양, 곧 육예六藝이다. 육예와 공자의 도에 합치하지 않은 사상은 응당 배척되어야 한다."

동중서의 이러한 진언은 무제에 의해 채택되어 점차 실행에 옮겨졌다. 먼저 건원 5년에는 유가의 '오경五經', 곧 『역』·『서』·『시』·『예』·『춘추』인데, 결국 육예와 같은 것으로서 그 한 과목씩을 전문적으로 교수하는 강좌가 '오경박사五經博士'라는 이름으로 조정 내에 설치되었다. 학생은 강좌별로 모집하였고, 졸업한 학생은 관리로 임용되었다. 한편 그와 같은 '국립대학'을 졸업하지 않은 여타의 인재들을 발탁하기 위해 유학의 교양을 지닌 인재들을 각 지방에서 추천케 하여 천자가 친히 시험을 보이는 제도를 관례적인 것으로 마련하였다.

비단 무제 시대뿐만 아니라, 이후로 오래도록 중국 2천 년의 역사를 일관해온 이념이자 실천 덕목이기도 하였던 가장 중대한 한 가지 사항, 곧 정치는 반드시 교양 있는 인간에게 맡겨야 하며, 그러한 교양은 유학이 아니면 안 된다는 전통은 바로 이때 확정되었다. 그리고 후세 과거제도 또한 여기에서 시초를 열었던 셈이다.

하지만 만약 이렇듯 중대한 사항의 확립이 동중서의 진언이나, 무제의 개인적 기호에 따라서만 이루어졌다고 본다면 그것은 잘못된 판단이라 하겠다. 한나라 초기 이후로 점차 높아져 간 유학에 대한 요구로 인해 그러한 형세가 이루어질 수밖에 없었다. 그것은 당시의 의식으로는 인간 중시의 학설, 문화 중시의 학설에 대한 존경의 확인이기도 하였다. 다만 이 같은 확인이 이후의 중국 역사를 단조롭게 만드는 제약이 되었다는 사실 또한 부인하기 어렵다.

2.

이리하여 유학의 교양을 쌓은 신인新人의 등용은 조모 두 태후를 둘러싼 보수 세력이 여전히 조정을 틀어쥐고 있던 무제의 즉위 초기에도 조금씩 진행되고 있었다. 1장의 10절에서 언급했듯이, 조관이나 왕장 등 교수 그룹은 현실과 동떨어진 이상론을 펼친 탓에 실각하고 말았지만, 새로운 지식인의 대두는 이미 일반적인 시대의 추세로 꺾을 수 없는 형국이었다.

그 결과 스무 살 황제의 전후좌우에는 이미 몇 사람의 유자나 문사들이 시종하며 그를 섬기게 되었다. 당시의 의식으로는 유자와 문사의 경계가 그다지 뚜렷하지 않았다. 『시』를 오경의 하나로 꼽는 데서도 분명히 알 수 있듯이 문학을 중시하는 면이야말로 당시 유학의 의식이었으며, 또한 바로 그러한 점이 문화 존중의 가르침으로서의 유가를 여타 학파와 구별 짓게 하는 중요한 조건이었다. 미문의 제작은 후세의 편협한 유학의 일파가 주장하듯이 배격해야 할 행위가 아니라, 오히려 유학적 실천을 위해 불가결한 부분이라고 생각했던 것이다. 따라서 무제 측근의 '문학지사文學之士'도 유자인 동시에 문사이며, 유가 경전의 연역자演繹者[4]인 동시에 미문을 짓는 작자이기도 하였다.

무제 초기에 이들 '문학지사'에게 부과되었던 임무는 크게 두 가지로 나뉜다. 하나는 황제의 두뇌 집단으로서 새로운 정책을 입안·주장하는 일이며, 또한 보수 세력에 대항하여 황제의 대변인 역할을 하는 것이었다. 즉위한 지 얼마 지나지 않아 일어난 민월閩越 사태[5]에 즈음하여, 문사 엄조가 승상 전분에게 대들면서 황족 장로인 회남왕의 주장을 논파했던 일은 앞서 2장 5절에서 언급한 바 있다. 또한 황자를 낳은 가희 위자부를 황후 자리에 앉힐 것인가의 여부를 둘러싸고 꽤나 의논이 분분했었다. 아무리 그래도 미천한 태생의 사생아를 어찌 황후로 삼겠는가 하고 반대했던 보수파도 있었는데, 결국 이 문제를 (황제의 뜻대로) 매듭짓게 했던 이는 역시 '문학지사'의 한 사람인 주보언主父偃이었다. "어미는 아들 때문에 귀하게 된다"[6]라는 것은, 유가에서 가장 중요한 경전인 『춘추공양전』의 학설이다. 아마도 그러한 설

---

4)'뜻을 넓혀서 상세히 설명하는 사람'이라는 뜻이다.
5)민월이 군사를 일으켜 남월南越을 공격한 사건을 가리킨다.
6)『춘추공양전』 '은공隱公 원년元年'조에 "자식은 어미로 인해 귀해지고, 어미는 아들 때문에 귀하게 된다(子以母貴 母以子貴)"는 구절이 있다.

을 근거로 삼아 논리를 세웠을 것이다.

'문학지사'의 또 다른 임무는 궁정시인으로서 황제를
위해 미문을 짓는 일이었다. 그 중심적인 장르는 각운
을 밟으며 대구對句를 맞추는 장편시 '부賦'였는데, 특히
이 방면에 뛰어났던 인물이 사마상여였다. 사마상여의
'부' 작품이 어떠한 성격의 문학이었는가에 대해서는 앞
서 1장 17절에서 인용한「장문부」를 통해 그 일례를 살
펴보았다. 시인 기질의 이 문사는 잦은 병치레를 핑계
로 정치적 사안에 관여하는 일을 극력 피하면서 오로지
문학 행위를 통해서만 황제에게 봉사하려 하였다. 그러
나 고향 사천의 유력 인사들에게 서남이 경략의 필연성
을 설득시키기 위한 임무를 띤 사자로는 역시 문사 사
마상여가 나서야 했다.

또한 매고와 같은 문사 등은 철저한 궁정시인이었다.
교사郊祀를 위한 행행行幸, 정정 시찰을 위한 거둥, 수렵
을 위한 거둥, 그 밖에 궁중 공차기 대회, 개 경주 대회
등등 언제 어떤 경우에서든 문사 매고는 늘 황제 곁에
있으면서 "황제가 감회에 젖으면 곧바로 그를 시켜 부
를 짓게 하였다"[7]라고 전하고 있다. 또한 주로 정치적

---

7)『한서』권51「가추매로전賈鄒枚路傳」에 "上有所感, 輒使賦之"라고 되어 있다.

브레인 역할을 담당했던 엄조와 같은 인물도 때로는 매고와 유사한 역할을 맡기도 하였다.

그런데 이상과 같은 사실은 중국에서 순수한 미문학美文學이 이 시대에 발단發端한다는 결과를 가져왔다. 무제 이전의 중국에 있어 문화에의 관심은 주로 정치와 윤리 방면에 있었으며, 문학에 관한 관심은 비록 『시』가 고전의 하나였음에도 불구하고 생각보다 희박한 편이었다. 중국인의 삶에서 문학 창작이 저토록 커다란 비중을 차지하게 된 것은 무제 시대에서 비롯되었다고 하겠다. 중국 문학사가 다름 아닌 이 황제의 시대에 본격적으로 개막하게 된 것은 유학의 지위 정립[8]이 이 시대에 이루어졌던 것과 상호 연관되어 있다. 아울러 이것은 무제 시대가 중국 정신사에서 지니는 최대의 의의라고 할 수 있다.

또한 마냥 제멋대로 행동하는 무제에게 항상 농담인 척 에둘러서 풍자하면서도, 정작 그러한 농담조 언사 탓으로 무제에게 많은 존경을 받지는 못했던 동방삭[9]

---

8)유학의 국교화를 가리킨다.

9)기원전 154년~기원전 92년. 무제 측근으로 활약했던 인물로 익살스러운 언변과 해학으로 유명하다. 흔히 장수하는 사람을 가리키는 '삼천갑자동방삭'이라는 말에서 보듯이 이른바 동방삭 설화는 한국에서도 널리 퍼져 있었다.

의 경우도 황제 측근의 유자 또는 문사 그룹의 한 사람
이었다.

3.

그런데 여기에서 특히 주목해야 할 사실은 이들 측근
의 새로운 사상가 중에는 왕왕 신분이 극히 미천한 인
물들이 있었다는 점이다. 또한 마찬가지로 궁벽진 변방
의 신개척지나 당시까지는 외진 시골구석으로 여겨지
던 고장의 출신자들도 있었다는 점이다.

예를 들면 초기 두뇌 집단의 중심인물이었던 엄조는,
당시로는 벽지였던 강소江蘇·절강 지역, 곧 회계군會稽
郡 오현吳縣 출신이었다. 엄조가 황제에게서 인정받아
뜻을 이루고 난 뒤[10]에, 무제가 무엇이든 소원을 들어주
겠노라고 제안하였다. 그러자 그는 옛날 시골에 살 때
집안이 가난하여 부자인 동서에게 업신여김을 당했는
데, 고향 회계의 태수를 시켜주면 그들에게 보란 듯이
성공했음을 자랑하고 싶다고 대답하여서 자신의 소원
을 이루게 되었다.

---

10)앞서 민월 사태 당시에 군대 파견을 반대하던 회남왕을 설득하였던 일을 가리킨다.

엄조와 같은 고향 사람으로 그의 천거를 통해 무제 측근의 한 사람이 되었던 주매신朱買臣의 전기는 더욱 전형적인 사례이다.

이 인물 역시 고향인 오현에 사는 동안에는 째어지 게 가난하였다. 나무꾼으로 땔감을 팔아 생계를 꾸렸는 데, 산에서 해온 나뭇짐을 지고 가면서 책을 읽는가 하면, 큰소리로 노래 부르듯이 글을 외웠다. 그의 처 역시 나뭇짐을 이고서 뒤를 따라가다가 꼴사나운 짓 그만 좀 하라고 말리면 더욱더 큰소리를 내질렀다. 그의 처는 마침내 서로 헤어지자고 요구하였다.

"내가 나이 쉰 살이 되면 출세할 터이니, 이제 조금만 더 참고 기다려주오."

"당신 같은 양반은 고작해야 도랑에서 얼어 죽기나 할 텐데, 출세라니요!"

그렇게 말하고서 처는 그에게서 떠나가 버렸다.

그 후에 주매신이 나뭇짐을 지고서 무덤 근처를 지나 고 있는데, 그의 전처가 새 남편과 함께 성묘하러 왔다 가 전 남편을 보고서 동정하여 먹을 음식을 주었다.

다시 수년이 흘러, 주매신은 황제에게 상서上書해 영 달을 얻고자 하여 장안으로 갔다. 애당초 여비가 없었는데, 마침 고향 회계군의 회계 담당 관리가 연말의 결산 보고를 위해 장안으로 간다고 하므로 그의 심부름꾼이 되어 수레에 편승하였다.

그러나 그의 상서에 대한 반응은 좀처럼 없었다. 회계군의 관리들은 장안에 합숙소를 마련해놓고 있었는데, 그는 먹을 것이 떨어지면 그곳에 가서 밥을 얻어먹었다.

그러는 동안에 그에게도 드디어 영달의 기회가 찾아왔다.

고향 선배인 엄조의 주선으로 황제 앞에 나아가『춘추』와『초사楚辭』를 강의한 것이 황제를 흡족하게 하였다. 그 무렵 남방의 복건 지방이 또다시 반란을 일으켰다. 황제는 주매신을 고향인 회계군 태수로 임명하여 반란을 진압할 것을 명하였다.

"어떤가, 자네 지금 어떤 기분인가? 출세하고서도 고향에 돌아가지 못하면, 캄캄한 밤에 비단옷을 입고 돌아다니는 것과 마찬가지일 테니까."[11]

---

11)『한서』권64「엄주오구주보서엄종왕가전嚴朱吾丘主父徐嚴終王賈傳」에는 '富貴不歸故鄕, 如衣綉夜行'이라고 되어 있다. '의수야행衣綉夜行' 또는 '의금야행衣錦夜行'이라는 성어는 본래『사기』「항우본기項羽本紀」에서 유래되어, '출세하고도 남에게 알려지지 않는' 경우나 '아무 보람이 없는 일을 하는 것'을 비유적으로 일컬을 때 쓰인다.

황제는 호방하게 껄껄 웃었다.

하지만 주매신은 당장 비단옷으로 바꿔 입지 않았다. 본래 입었던 때에 찌든 옷을 걸치고서 우선 장안에 있는 회계군 합숙소로 돌아갔다. 마침 관리들은 한데 모여 한창 음식을 먹느라고, 초라한 행색의 서생 따위는 거들떠보지도 않았다. 주매신은 합숙소 관리인의 방으로 가서 밥을 얻어먹었다.

식사가 끝나자 주매신은 넌지시 품속에서 뭔가를 내비쳤다. 오색찬란한 끈이었다. 관리인이 손을 뻗쳐 끈을 잡아당겼다. 당겨져 나온 끈 끝에 매달린 것은 황금의 관인, 곧 회계 태수의 인印이었다.

깜짝 놀란 관리인은 황급히 관리들을 부르러 달려 나갔다.

"그런 터무니없는 일이 있는가?"

"아무튼 와서 한번 보세요."

잠시 후에 관리들 모두가 가운데뜰 아래로 뛰쳐나와 주매신에게 엎드려 절을 하였다. 그곳에 이윽고 조정에서 보내준 사두마차가 그를 맞으러 도착했다. 주매신은 의기양양하게 그 마차를 타고서 고향으로 향했다.

고향에 이르니 새로운 태수가 부임한다고 하여 백성

들이 강제로 동원되어 길을 청소하고 있었다. 전처와 그녀의 새 남편 또한 백성들 사이에 끼어 있었다. 주매신은 수레를 멈춘 다음, 그 부부를 뒤따르는 수레에 태워 관사로 데리고 가서 식사를 대접했다. 전처는 부끄러운 나머지 자살하고 말았다.

좀 지나치다 싶을 정도로 재미난 이 이야기는, 그러나 『한서』「열전」에 또한 거의 그대로 실려 있다.

4.

이상에서 나는 무제 초기, 두 태후가 아직 살아있을 당시 이루어졌던 신인 등용에 관해서만 이야기할 작정이었으나, 실제로는 상당히 그 훗날의 일까지도 파고들고 말았다. 이윽고 건원 6년 두 태후가 사망하고서 보수 세력의 감시가 사그라지고 난 뒤에는 황제의 신인 등용 정책이 더욱더 대담해지게 되었음은 두말할 나위도 없다.

두 태후가 사망한 이듬해 원광 원년에 무제는 중앙정부 직할의 지방관청인 각 군郡과 제후 영지인 각 나라

國에 하명하여 각각 '효렴孝廉'[12]의 인재 한 명씩을 추천 토록 했고, 다른 한편으로 장안에 모인 '현량賢良'의 인재들에게 천자 자신이 문제를 내 시험을 치렀다. 이 해의 시험 문제는 이상사회의 조건으로 세계국가의 완성을 강조하고 있는데, 이에 대해서는 앞서 2장 8절에서 언급한 바 있었다. 일설에는 앞서 다루었던 동중서도 이 해의 급제자였다고 한다.

이처럼 각 지방에서 천거된 '현량'의 인재에 대하여 천자가 직접 시문試問하는 일은 이후에도 여러 차례 실행되었다. 이러한 경로를 거쳐 입신한 대신으로 가장 유명했던 인물은 공손홍公孫弘이었다.

이 공손홍이라는 인물의 태생은 지식인 그룹에 속하는 인물 거개가 그러하듯이 지극히 미천했지만, 그런데도 그의 영달은 눈부신 것이었다. 잘 알려진 엄조 등이 측근의 시종으로서, 말하자면 사적인 두뇌 집단에 머물렀던 것과는 달리 그는 승상에까지 올랐고 제후가 되었다. 공손홍이야말로 유학의 교양을 바탕으로 입신한 지식인의 전형이라 하겠다.

공손홍은 산동의 치천국菑川國 출신이었다. 처음에는

---

12)'효행이 있고 청렴하다'라는 뜻이다.

감옥의 간수 노릇을 하다가 그나마도 죄를 지어 쫓겨나고서는 해변에서 돼지를 치며 살고 있었다. 해안 지방은 중국에서는 가장 궁벽진 곳이다. 그 무렵에 그는 이미 나이가 마흔 살이 넘었는데도, 유학 공부를 시작하여 『춘추』의 잡설雜說[13]'을 배웠다. 무제가 즉위한 지 얼마 안 되어 '현량문학賢良文學[14]'의 인재를 공모하였을 적에 그의 나이는 이미 예순 살이었다. 그는 '현량문학'의 유자격자로 '박사', 곧 교수로 임명되었고, 흉노에 사자로 파견되었으나 황제의 마음에 들 만한 복명을 할 수 없었던 관계로 병을 핑계로 사직하고 말았다.

원광 5년이라면 바로 첫 번째 황후 진 황후가 폐위된 해였다. 무제는 이 해에도 몇 회째인가의 '현량문학'의 시험을 시행하였다. 그때 공손홍은 다시 자기 고장인 치천국에서 천거를 받았다. 자신은 실패자라고 해서 극구 사양하려 했지만, 관리는 그의 청을 들어주지 않았다. 어쨌든 수험자를 추천하지 않는 지방관청에 대해서는 무조건 직무 태만으로 간주하겠다는 것이 황제의 엄명이었기 때문이다. 관리가 사정을 하자 공손홍은 억지

---

13)『춘추』에 관한 여러 학설을 말하는데, 공손홍은 특히 『춘추공양학』에 힘쓴 것으로 알려져 있다.
14)'문학'은 유학을 가리킨다.

춘향으로 장안으로 가게 되었다.

이 해 천자가 출제한 문제 역시도 세계국가의 실현에 중점이 놓여있었다. 그러한 문제에 대한 공손홍의 답안은 이후의 이 같은 시험, 곧 후세의 과거 시험에 있어 답안이 대개 그랬듯이 추상적 관념론으로 일관하고, 구체적 내용은 거의 씌어 있지 않았다. 같이 시험을 본 백여 명 다른 수험자들 답안도 대부분 유사한 관념론이 많았으리라 짐작되는데, 답안지를 사전 검열한 위원들은 공손홍의 답안지에 그다지 좋은 점수를 주지 않았다. 그러나 답안지를 황제에게 바치니 황제는 공손홍을 장원으로 뽑았다. 급제자는 모두 황제를 배알하는 것이 전례였으므로, 황제가 공손홍을 인견해보니 일흔 살이 넘은 나이에도 불구하고 용모가 매우 번듯하였다. 그 점이 더욱더 황제의 마음을 사로잡아 우선 그를 다시 '박사'에 임명하였다.

그 후에 그의 출세는 거침이 없었다. 이듬해인 원광 6년에는 경찰청장 격인 좌내사左內史가 되었고, 그로부터 다시 3년, 위청이 세 번째 원정을 행했던 다음 해인 원삭 3년에는 검찰총장 겸 부총리인 어사대부가 되었다. 다시 2년 뒤 위청이 네 번째 원정을 떠난 원삭 5년에는 마침내 총리에 해당하는 승상의 지위에 올랐다. 그전까지는 열후, 곧 제후의 작위를 가진 자가 아니면 승상이 될 수 없는 것이 전례였으므로 이렇듯 공손홍을 임명한 것은 파격적이었다. 무제는 타협 방안을 강구하여, 공손홍을 먼저 평진후平津侯라는 제후에 봉한 뒤에 뒤이어 승상에 임명하였다. 열후와 황족이 아니면 승상이 될 수 없다는 기존 관례는 관위官位와 가문이 상관관계에 있다고 보았던 것이 종래의 관념이었음을 보여준다. 아니면 적어도 종래의 이상이었음을 말해준다. 무제의 이러한 조치는 기존 관념과 타협하면서도, 실제로는 더욱더 그런 관례를 깨뜨리는 행위였다. 공손홍을 제후로 봉할 때에 내린 칙서에서 무제는 재능에 따라 고위고관高位高官에 임명하는 것이 '옛날 성인의 도'로서, 유가가 주장하는 현인 정치의 이상이며, 자신이 즉위한 이래로 "문로門路를 넓게 열고서 사방의 인재를 선초宣招[15]한" 것은 바로 그 때문이었으며, 이제야 비로소 그러한 이상이 실현되었다고 술회하고 있다.

　이리하여 공손홍은 원수 2년 나이 여든 살에 승상 자리에 올라 병으로 죽을 때까지 그 자리에 있었다. 그것

---

15) 황제가 '(인재를) 불러 모아 받아들이라고 명령하다'라는 뜻이다.

은 마침 위청이 대장군으로서 흉노 정벌에 공을 세웠던 시기와 일치한다. 그러한 공손홍도 위청과 마찬가지로 지극히 미천한 출신이었다.

일개 돼지치기 평민의 신분에서 이제 '위극인신位極人臣'[16]하게 된 공손홍은 황제의 지우를 입은 데 대한 보답의 하나로 후진 양성에도 관심을 기울였다. 그래서 승상 관저의 일부를 객관客館으로 만들어 일반에 개방하고, 젊은 지식인들이 자유로이 출입하게끔 하였다. 객관의 통로로는 관저 동쪽에 따로 작은 쪽문을 특별히 내게 해서, 그곳을 통해 드나들며 관원들과 얼굴을 마주치지 않게끔 하였다. 바로 이 문이 이른바 공손홍의 '동합東閤'으로, '합閤'이란 허리를 굽히고 드나드는 쪽문이란 뜻이다.

5.

그런데 당대에 가장 출세했다고 일컬어지는, 이 교양 있는 재상은 대단한 기회주의자였다고 알려져 있다.

어전 회의에 출석하기 전에는 우선 몇 가지 가능성을

16)'신하로서 가장 높은 벼슬자리인 승상의 지위에 오르다'라는 뜻이다.

염두에 두었다가, 막상 회의에 나가서는 이래도 괜찮을 것 같고 저래도 괜찮을 것 같다는 식으로 천자의 비위만 맞추려고 들었다. 또한 천자가 듣기 싫어할 것 같은 말은 누군가를 앞세워 발언하게 하고 뒤에 가서야 자신도 찬동한다는 식이었다. 항상 앞장서서 총대를 메는 역할로 이용만 당했던 인물로는 급암이라는 조금 성질이 급한 고지식쟁이 대신이 있었다.

또한 때때로 어전에 나아가면 이렇게 하자고 사전에 말을 맞추고서도 천자의 눈치를 살피다가 태연히 말을 뒤집고는 하였다. 이렇게 되면 화를 내는 쪽은 급암이었다.

"신 등과 사전에 상의할 적에는 승상도 그렇게 말하지 않았습니다. 도대체가 산동 사람은 정직하지 않다고 하더니, 참으로 그러하니 불충하기 짝이 없는 자입니다."

급암은 천자의 어전에서 공손홍을 직접 대놓고서 힐난하였다. 그러나 공손홍은 침착하게 말했다.

"그것은 급암이 신을 이해하지 못하기 때문입니다. 신을 이해하는 이들은 신을 충군忠君하는 인물로 생각합니다."

무제는 더욱 기분이 좋아졌다.

또한 이 재상은 허식이 많은 위선자였다고도 일컬어진다. 대신이 되고 나서도 밥은 현미밥에 반찬 한 가지, 잠자리에서는 베 이불을 덮었다. 급암은 그 점도 들추어내어 비난하였다.

"지위가 대신으로서 많은 봉급을 받으면서도 베 이불을 덮고 잔다는 것은 거짓된 행동입니다."

공손홍은 말했다.

"아니, 급암이 하는 말은 사실입니다. 누가 뭐래도 그는 신의 친한 벗이기 때문입니다. 그런데 옛날의 대신 중에는 사치를 하면서도 보필의 책임을 다한 자도 있지만, 누추하게 살면서도 더욱이 명재상으로 이름을 떨친 인물도 있습니다. 신의 지론은 임금은 되도록 돋보이게, 신하는 가능하면 검약하게 살아야 한다는 것입니다. 아니, 이 급암처럼 강직한 인물이 있으므로 해서 신의 여러 모자란 점에 대해서 폐하께서 들으실 수 있는 것입니다. 참으로 고마운 일입니다."

또한 이 재상은 상당히 음험한 인물이었다고도 전해진다. 똑같이 황제의 친시를 거쳐 등용되었던 선배 동중서가 관리로서 별반 빛을 보지 못한 채 지방 제후의 중신으로 전임된 일, 황제 측근의 두뇌 집단의 일인인 주보언이 사형에 처해진 일 등은 모두가 공손홍이 뒤에서 조종했다고 전해지고 있다.

이상은 공손홍과 동시대인이었던 사마천의 『사기』에 적힌 그대로이다. 사마천은 공손홍보다 훨씬 후배로, 공손홍이 승상이었을 무렵에는 스무 살 남짓의 청년이었다. 어쩌면 승상 공손홍의 '동합'으로 드나들던 객관의 손님이었을지도 모를 일이다. 그리하여 사마천은 이 처신이 깔끔하고도 약삭빨랐던 노인에게서, 뭔가 징그러운 벌레를 손안에 움켜쥔 듯한 불쾌감을 느꼈을는지도 모른다. 기술적인 관료 정치가이면서도 유학으로 겉모양을 꾸미고 있었다고 사마천은 그를 평하고 있다. 아마도 이것은 공손홍의 가장 아픈 데를 찌른 비평일 것이다.

6.

이에 반하여 사마천은 공손홍 대신 총대를 멨다가 그에게 이용당하기 일쑤였던 고지식쟁이 급암에 대해서는 호의적으로 기술하고 있다.

직언으로 명성을 떨친 이 대신은 공손홍에 대해서만

기탄없이 말했던 것은 아니었다. 천자에 대해서도 마찬가지로 아무 거리낌이 없었다.

"폐하께서는 여러모로 속으로 욕심이 많으십니다. 게다가 겉으로만 유가에서 부르짖는 인의의 실행을 주장하십니다. 요임금과 순임금의 다스림을 본받겠다고 하시지만 불가능합니다."

무제는 이 말에 화를 내면서 안전으로 들어가 버렸다. 하지만 포용력이 남달리 컸던 무제는 그가 믿음직한 '사직을 지켜내는 신하(사직지신社稷之臣)'[17]라는 사실을 충분히 인정하고 있었다. 증조부인 고조가 유자의 관에 오줌을 갈기던 것과 같은 야만성barbarism이, 이 유학을 애호하는 황제 증손자에게도 형태를 달리 해서 남아있었던 모양이다. 그래서 대장군 위청이 불시에 배알을 청할 때는 허물없는 처남매부지간이라는 기분도 겹쳐져 변기에 앉은 채로 만나는 일도 있었다. 승상인 공손홍과도 관을 벗은 채로 만나는 일이 있었다. 하지만 급암에 대해서만은 단정하게 의관을 갖추지 않고서는 절대로 만나지 않았다고 한다.

그리하여 공손홍 쪽에서는 급암에게 싹싹하게 대했

17)'중직重職을 맡아 나라의 안위와 존망을 책임진 신하'라는 뜻이다.

지만, 급암은 공손홍을 극도로 싫어했다. 본래 두 사람은 자라난 환경부터가 달랐다. 공손홍이 벼락출세를 한 어정뱅이였음에 반하여 급암의 경우는 조상 대대로 집안이 전국시대 위국衛國의 경대부를 지냈다. 그런 가문의 자손인데다 급암의 부친 역시 선대인 경제를 섬긴 대관이었기 때문에, 그 자식으로 특별 임용되어 벼슬길을 시작하였다. 중국에서는 대관을 지낸 인물에 부여한 영전榮典의 하나로 그 자식에게는 무조건 벼슬을 주는 관례가 있는데, 이를 '임자任子'라고 불렀다.[18] '임자' 출신자와 문관 시험 출신자는 사이가 나빴다. 예를 들면 9세기경 당唐나라 조정에서 일어났던 당파 싸움, 이른바 '우이당쟁牛李黨爭'[19]은 가장 현저한 역사적 사례이다. 무제의 조정에서는 그만한 정도는 아니었다. 물론 급암과 같은 '임자'나 공손홍과 같은 문관 시험 출신자, 곧 후세의 표현을 빌리면 '거자擧子'가 모두 무제의 넓은 포용력에 의해 포섭되어 있었다고는 하지만 두 사람 사

---

18) 우리나라에서는 고려·조선 시대에 '문음門蔭' 또는 '음서蔭敍'라고 불렀다.

19) 중국 당나라 시대 808년부터 849년까지 40년 동안 벌어졌던 정쟁. 진사과 출신 우승유牛僧孺를 영수로 하는 '우당牛黨'과 '임자任子' 출신의 재상 이덕유李德裕의 '이당李黨' 사이에 진사과 폐지를 둘러싸고 일어났는데, 우당의 승리로 종결되었다. 하지만 오랜 권력 투쟁의 영향으로 정치적 혼란이 초래되었고 이후 당나라 멸망의 한 원인이 되었다.

이가 반드시 원만치 않았던 것은 인품의 차이 외에도 그러한 세력 관계까지 겹쳐져 영향을 미쳤을 것으로 보인다.

게다가 급암은 '황로 서적'을 좋아해서, 무릇 정치는 '청정淸靜'을 존중해야 한다고 주장한 것도 전대의 고관 자제다운 점이었다. '황로'라면 예전의 두 태후가 좋아했다는 황제와 노자의 학설을 기록한 서적을 말한다. 그래서 '황로'를 좋아하던 급암은 당연히 유학을 싫어했으며, 관력官歷으로 보자면 자기보다 훨씬 후배인 공손홍과 그 밖의 신인들이 유학의 교양을 내세우면서 거침없이 자신을 앞질러 가는 것이 불만스러웠다. 어느 때 그는 또다시 황제에게 아무 거리낌 없이 쏘아붙였다.

"폐하의 인재 등용은 장작을 쌓아 올리는 것과 같사옵니다. 나중 것이 항상 위에 놓이니 말입니다."

무제는 나중에 측근에게 속내를 털어놓았다.

"급암도 그렇지만, 그처럼 교양이 없어서는 곤란하겠도다!"

"사람은 과연 배움이 없으면 안 되겠구나! 급암의 언동을 살펴보면 그 미욱함이 날로 심해지는군!"[20]

---

20) 『한서』 권50 「장풍급정전張馮汲鄭傳」 "人果不可以無學, 觀汲黯之言, 日益甚矣."

'황로'의 학은 무제가 보기에는 이미 교양도 아니고 '학문'도 아니었다.

또한 급암은 무제의 빈번한 외국 정벌에 대해서도 반대였다. 앞서 2장 18절에서 설명했듯이 곽거병의 감숙 정벌을 계기로 흉노 혼야왕이 한나라에 항복했을 때, 무제는 중국의 온혜와 위엄을 과시하고자 극진한 대우를 베풀어 우선 2만 대의 마차를 출영을 위해 보내고자 했지만, 당시 조정에는 그만한 수효의 마차를 준비할 만한 임시예산이 없었다. 그래서 백성들에게서 말을 차출하려고 했으나, 백성들은 어지간해서는 말을 내놓으려 하지 않았다. 무제는 화가 나서 장안 현령縣令, 곧 시장의 목을 베려고 하였다. 그때 급암은 직간하는 신하로서 진면목을 발휘하였다.

"죄가 없는 장안 현령이 사형을 받게 될 정도라면, 차라리 신을 죽여주십시오. 그렇게 하면 모든 백성이 말을 바치게 될 것입니다. 도대체 오랑캐 따위가 항복해오는 것인데, 연도沿道의 여러 현이 역마와 수레를 내어 데려오면 그걸로 충분할 일이옵니다. 오랑캐 따위의 비위를 맞추려고 이다지도 세상을 떠들썩하게 하고 백성들을 피폐케 하시다니, 어찌 된 일입니까?"

한편 혼야왕 일행이 장안에 닿자마자, 약삭빠른 장사꾼들이 이내 숙소로 들이닥쳐 중국의 물건들을 팔아넘겼다. 그것이 밀무역의 죄목으로 연좌되어서 5백 명 이상이 검거되었다. 급암은 다시 천자 앞에 나섰다.

"흉노 정벌 때문에 전사한 백성들이 이루 다 헤아릴 수가 없습니다. 이번에 항복해온 무리를 전사자들의 집안에 노비로 나누어주심이 당연한 조치라고 생각합니다만, 그렇게는 못 하신다고 하더라도, 저들에 대한 폐하의 대우는 그저 솔선해서 귀순했다는 이유로 너무도 지나치게 정중하옵니다. 그것을 보고서 위에서 행하는 대로 아래에서 따라 하는 우매한 백성들이 이곳 장안의 물건이라도 저들 오랑캐에게 팔고 싶었을 것입니다. 겨우 장사한 걸 가지고 밀무역을 범했다고 한다면, 이는 한 가지 잣대로만 각박하게 법조문을 적용하는 처사이옵니다."

무제는 이번에는 급암의 말을 들어주지 않았다. 그리고 난 뒤 혼자 중얼거렸다.

"오랫동안 저 자의 잔소리를 못 들었는데, 이제 또 폭발해서 망령되이 지껄이는구나!"

7.

그런데 원수 2년, 무제 나이 서른여섯 살 때 노재상 공손홍이 여든 살의 고령으로 사망한 뒤에 정권은 경골한硬骨漢[21] 급암에게로 가지 않고 다른 인물에게로 넘어갔다. 그가 바로 장탕張湯이었다.

장탕은 검시(시어사侍御史) 출신이었다. 무제의 정치는, 한편에서는 유가적 문화주의를 추구하면서도 다른 한편으로 매우 엄격한 통제 정치를 시행했던 점에서 진나라 시황제의 계승자였다. 그 때문에, 유능하고 준열한 검찰관이 필요했다. 특히 잦은 외국 정벌로 인해 국가 재정이 고갈되어 통제 경제를 강행하기에 이르자, 그와 같은 관리들이 더욱더 필요하게 되었다. 매우 엄하고 가혹한 관리, 당시의 말로는 그들을 '혹리酷吏'라고 불렀다. 장탕은 '혹리'를 대표하는 인물이었으며, 무제 조정의 대관으로서 공손홍과는 다른 의미에서 또한 전형적인 인물이었다.

장탕은 공손홍과 같은 시골 평민의 자식도 아니었지만, 급암과 같은 명문가 출신도 아니었다. 그의 부친은 장안현의 말단 관리였다. 다음에 나오는 일화가 말해주

---

21)의지가 강하고 신념이 굳세어 쉽사리 남에게 굽히지 않는 사람.

듯이, 부모가 외출 중에 아이가 집을 지켰다고 한다면, 현재 우리 생활 수준 정도의 월급쟁이의 자식이었음을 알 수 있다.

일화의 내용은 다음과 같다. 어린 장탕에게 집을 맡기고 외출했던 부친이 돌아와 보니, 쥐가 고기를 물어가 버렸다. 화가 난 부친은 아이를 회초리로 때렸다. 문득 바라보니 아이가 혼자서 무엇인가를 하고 있었다. 가까이 다가가 보니 쥐구멍에 연기를 피워서 범인인 쥐와 장물인 남은 고깃덩이를 찾아내고서는 재판을 벌이고 있었다. 우선 기소장이 있었고, 범인인 쥐의 진술서와 검사의 논고가 있었다. 증거물은 곧 먹다 만 고기였다. 쥐는 대청 아래에 사지를 찢어 죽이는 책형에 처해져 있었다. 장탕이 써놓은 판결문을 부친이 집어들어서 읽어보니, 숙련된 옥리가 작성한 것 같았다. 부친은 깜짝 놀라서 그 후로 아들을 자신의 개인 비서로 삼았다. 이상은 소년 시절 장탕의 일화로 『사기』에 실려 있다.

장탕은 부친이 죽은 뒤에 자신도 장안현의 서기인 승丞이 되었다. 서기의 자식은 서기밖에 될 수 없었던 것은 먼 훗날 중국에서도 마찬가지였다. 그러는 동안에 어떤 제후가 장안현의 감옥에 구금이 되었다. 장탕은 그런 제후를 잘 보살펴주었던 바, 제후는 출옥한 뒤에 여러 세력가에게 두루 소개장을 써주었다. 그렇게 해서 장탕은 입신출세하기 시작하고 이후 승승장구하며 벼슬이 높아졌다.

요컨대 장탕은 유학파儒學派의 신인들처럼 문관 시험을 거친 인물은 아니었다.

8.

장탕이 무제에게 능력을 인정받게 되었던 것은 진 황후 폐위의 원인이 되었던 의옥疑獄 사건을 밝히는 일을 맡아서 수완을 발휘하고 난 이후부터였다. 그러한 공적에 의해 형법 개정위원인 태중대부太中大夫으로 임명되었다가, 공손홍이 어사대부가 되었던 원삭 3년에 다시 정위廷尉로 승진하였다. '정위'란 황제 직속의 (형벌·법률을 관장하는) 법제처장에 해당하며, 국무대신으로 각의에 참석하는 지위였다. 최초로 각의에 참석하던 날 장탕은 바로 저 급암에게 된통 혼쭐이 났다.

"장탕 나리, 귀공도 이제 대신이 되셨으니 백성들의 행복을 마음에 두고서 감옥이 텅 비도록 해야 하지 않겠소. 그런데 뭡니까? 선대 이후로 내려온 법을 자기 멋대로 뜯어고치다니요. 어디 두고 보시오. 귀공도 일가권속이 모두 그 법에 걸려 사형을 면하지 못할 것이외다."

또 어느 날 각의에서 격렬한 언쟁 끝에 급암은 한숨을 내쉬었다.

"도필리刀筆吏[22]를 공경으로 삼았다가는 참으로 곤란할 것이야! 이제 저 자 때문에 백성들 모두가 치도곤을 당하게 생겼군!"

하지만 장탕은 날로 기세가 더하여 공손홍이 죽은 다음 해에는 부총리 격인 어사대부가 되었다. 공손홍의 후임 승상들이 모두 무능했던 탓에 그가 사실상 승상으로서 조정 대사 일체를 도맡아 처리하였다.

그가 무제의 총애를 얻었던 방식은 공손홍과 매우 흡사하면서도 더욱 복잡하였다. 형사 사건의 판결을 황제에게 보고할 적마다 몇 가지 초안을 마련해두고서 황제의 결재를 기다렸다. 황제가 선택한 초안을 기록으로 남겨두고서 판례로 삼았다. 만일 자신이 마련한 어느 초안에도 황제가 찬성하지 않고 전혀 다른 판결을 내릴

---

22)'칼이나 붓을 가지고 일하는 구실아치'로서 하급 관리인 '아전'을 얕잡아 일컫는 말이다. 옛날에는 참대에 잘못 쓴 글자를 아전들이 칼로 긁고서 다시 고쳤다고 한다.

때는 황공해하며 이렇게 말하였다.

"아니 사실은 제 부하 아무개 서기관이 바로 지금 폐하께서 지시하신 그대로 기안을 작성해 제게 올렸습니다만, 신이 불민한 탓으로 받아들이지 않았습니다."

또한 때로는 황제가 흡족해하는 초안을 부하의 공으로 돌려, 이것은 부하 아무개가 기초한 것이라고 아뢰기도 하였다. 이리하여 황제의 기분을 상하게 하지 않으려는 목적과 함께 후진을 이끌어주려는 목적을 동시에 달성할 수 있게 되었다. 일석이조라고 하겠지만, 전자는 반드시 선의에서 비롯되었다고 말하기는 어렵고, 후자는 선의에서 나온 것이라고 말해도 좋을 것이다. 모순이라면 모순이라고 하겠다.

모순은 그 밖에도 있었다. 황제가 엄벌에 처하고자 하는 사건은 수완이 뛰어난 재판관에게 맡기고, 황제의 의향이 처벌을 원치 않는 경우라면 관대한 재판관에게 사건을 의뢰했다. 또한 세도가들을 재판할 적에는 법조문을 왜곡하면서까지 엄중하게 다루었으며, 힘없고 가난한 백성에게는 법조문을 그대로 적용하면 이렇게 되지만 잘 살펴서 판결해달라고 황제께 진언하였다. 황제에게 아유阿諛하려는 비굴한 심리와 강자를 억누르고

약자를 돕는다는 협객적俠客的 선의가 역시 혼재해 있던 셈이다.

모순은 여전히 존재했다. 출신의 제약 탓으로 장탕에게는 유학의 교양이 없었다. 하지만 황제에 대한 경의의 표시로 '박사의 제자', 곧 국립대학 졸업생 가운데 『상서』와 『춘추』을 전공한 인재를 서기관인 사史로 채용했다. 본인 자신의 가정생활도 청렴했으며, 친구와 붕우 간 우의도 돈독하였다. 그러면서 한편으로는 원로들의 사저를 인사차 방문하는 일 역시 날씨가 아무리 춥거나 더워도 단 한 번도 거르는 일이 없었다.

그런데 이 검사 출신의 부총리가 재임 기간 중 이룬 최대의 업적은 국고 수입을 늘리기 위한 갖가지 경제 입법들이었다. 여러 차례 흉노 정벌을 위한 군사비 지출, 출정 장병들에 내린 은상, 혼야왕을 비롯한 흉노 귀순자들에게 지급한 증여 등으로 막대한 자금이 소요되는 때, 때마침 동부 지방에 큰 수해까지 발생해 유랑 농민들이 무수히 생겨났다. 그들을 구제할 대책이 시급했다. 그러나 즉위 초에는 그토록 충실하던 국고도 이 무렵에는 거덜이 난 상태였다. 곤궁한 농민을 구제하기 위해서는 우선 생각할 수 있는 수단이 화폐 조작이었다. 종래의 동전을 개주改鑄하는 이외에 궁중의 은을 은화로 주조하여 유통시켰다. 또한 궁정의 후원에 사슴이 많았으므로 그 (가죽인) 녹비를 활용해 고액의 화폐로 무리하게 강제 통용시켰다. 이른바 '피폐皮幣' 한 장을 동전 40만 닢으로 교환·발행하게 하였고, 제후들이 바치는 공물은 '피폐'가 딸려오지 않으면 받아들이지 않게 하였다.

잇따라 소금과 철에 대해 전매를 실시하고, 영업세를 더 많이 거두어들였다. 이보다 앞서 상인들은 자신들이 소유한 수레와 선박의 수에 따라 세금을 납부하였는데, 이를 강화하여 소유한 상품을 금액으로 환산하여 그 금액에 따라 세금을 내도록 하였다. 신고를 게을리하거나 허위 신고를 한 자는 재산을 몰수한 뒤에 1년의 유형에 처했다. 또 탈세를 밀고한 자에 대해서는 몰수한 재산의 절반을 상으로 주었다.

이러한 경제 입법 조치들은 모두 장탕이 어사대부로 재임하던 기간 중에 실시한 것들이었다.

"이제 저 자 때문에 백성들 모두가 치도곤을 당하게 생겼군!"

급암의 예언은 적중하였다.

경제 입법의 입안·실행의 편의를 도모하기 위해 이 무렵부터 상인이 잇따라 관리로 등용되었다. 산동의 소금장수였던 동곽함양東郭咸陽, 강남의 제철업자였던 공근孔僅, 낙양 상인의 자식이었던 상홍양桑弘羊 등이 대표적인 인물들이다.[23] 특히 상홍양은 열여섯 살 때부터 무제의 시동으로 신임을 받았다. 무제의 인재 발탁은 이렇듯 다른 방향으로 뻗치기 시작하였다.

9.

장탕은 의지가 강한 인물이었음에 틀림이 없다. 하지만 성격이 어둡고 쾌활하지 못한 인물이었다. 그의 최후는 매우 비참하였다.

장탕이 장안현의 서기로 재직할 적에 몇몇 아는 상인들과 거래를 하였다. 말단 관리와 상인의 관계는 예나 지금이나 마찬가지이다. 그런 불미스러운 관계가 대관이 되고 나서도 좀처럼 청산되지 않자 추문이 마침내 천자의 귀에까지 들어가게 되었다. 무제는 시치미를 떼

---

23)상홍양 등은 소금·철의 전매, 균수평준법均輸平準法의 실시, 술의 전매 등을 주도했는데, 이러한 일련의 재정·경제 정책을 둘러싸고서 이른바 '현량문학' 계열의 관리들과 논쟁을 벌였던 기록이 『염철론鹽鐵論』이다.

고서 물었다.

"장사꾼들이 늘 조정의 계획을 먼저 알고서 매점을 해버렸다니, 아무래도 누군가 기밀을 누설하는 자가 있는 것 같아."

장탕에 대한 천자의 신임이 사그라들었다고 보이자, 여기저기에서 적들이 나타났다. 특히 부총리 장탕이 권세를 부리는 통에 있으나 마나 한 존재가 되어버렸던 승상부丞相府 비서관 장사長史들은 이제 때가 왔다고 여기고서 전력을 다해 부총리의 죄상을 수집하였다. 이당시 승상 아래 비서관 중의 하나가 앞의 3절에서 일화를 소개했던 주매신이었는데, 그는 특히 장탕과 사이가 나빴다.

드디어 장탕은 기소되어 재판을 받게 되었다. 그렇지만 피고는 법률의 대가였다. 끝까지 자신의 무죄를 주장하며 물러서지 않았다. 황제는 어쩔 수 없이 엄한 분부를 전하게끔 하였다. 칙사를 맡았던 이는 예전에 형법 개정위원 태중대부로 있을 적의 동료이자 또한 친구이기도 한 조우趙禹였다. 조우는 이렇게 말했다.

"자네는 사람을 너무 많이 죽였어. 이젠 자네도 죗값을 치러야 하지 않겠는가? 폐하께서는 자네가 스스로 결단을 내리기를 바라고 계시네. 차마 자네를 사형에 처하고 싶지는 않으신 모양이야. 아등바등 애써봐야 무슨 소용이 있겠는가?"

장탕은 붓을 들어 천자에게 사죄하는 글을 올렸다.

"신은 일개 서기의 몸으로 폐하의 총애를 입어 삼공三公의 지위에까지 올랐습니다. 제 소임을 다하지 못하였음을 사죄드리옵니다. 단지 승상 비서관 장사들의 행동은 너무나도 유감스럽습니다."

그리고 나서 친구 조우의 권고를 따랐다.

상인들과 짜고서 부당 이득을 취했다는 소문이 온 세상에 파다했으나, 사후에 장탕의 재산을 조사해보니 겨우 5백 금金, 게다가 그마저도 봉급의 여분을 저축해둔 것이었다. 모순은 그의 사후에도 남아 있었다.

무제는 장탕의 억울한 죄를 동정하면서 그를 고발했던, 주매신을 비롯한 승상부의 비서관 세 명을 처형하고 승상 엄청적嚴靑翟에게도 자결할 것을 명하였다. 그러고 나서 장탕의 아들 장안세張安世를 후하게 대우하였다. 그의 자손들은 훗날 다시 다른 공로를 세워 더 큰 부귀와 영화를 누렸으며, 전한이 멸망할 때까지 세상에서 내로라하는 명문거족이 되었다.

"귀공도 일가권속이 모두 그 법에 걸려 사형을 면하지 못할 것이외다."

지난날 급암이 했던 예언은 절반이 적중했고, 절반은 적중하지 못했다.

10.

공손홍과 장탕, 이 두 사람은 갖가지 비판을 받기는 하지만 그럼에도 당대의 중요한 인물들이다. 안으로는 문신으로서 이 두 사람이, 밖으로는 무신으로서 위청과 곽거병 두 원수가 종횡무진 활약했던 이 시기야말로 무제의 눈부신 치세 기간 중에서도 가장 찬란했던, 그리고 상승세가 가장 급격했으며 가장 건강했던 시기였다. 그중에서도 공손홍이 활약했던 시기는 위청이 활약했던 시기와 거의 중첩되며, 장탕이 활약했던 시기는 곽거병이 활약했던 시기와 거의 일치한다. 위청이 대장군에 임명된 해에 공손홍은 승상 자리에 올랐고, 위청의 명성이 추락한 그해에 공손홍은 죽었다. 곽거병이 표기장군이 되었던 해에 장탕은 어사대부가 되었다.

그리하여 곽거병의 전기가 전임자 위청의 전기에 비

해 어딘가 불건전한 듯한 느낌을 주는 것과 마찬가지로 장탕의 전기 역시 전임자 공손홍의 전기보다도 건강하지 못해서, 두 인물의 전기가 공히 시대의 흐름이 상승기를 지나 하강기로 접어들고 있음을 보여주는 듯하다 하겠다. 특히 장탕의 전기 후반부는 상승곡선이 이미 하강곡선으로 바뀌었음을 보여줄 뿐만 아니라, 곡선의 전환이 흡사 장탕을 장본인으로 해서 촉진되는 듯한 느낌마저 준다고 하겠다.

그렇다고는 하나 무제의 '뛰어난 재주와 큰 계략(웅재 대략雄才大略)'은 하강곡선을 밑바닥까지 내려가게 하지는 않았다. 하지만 이로부터 뒤에 오는 무제의 치세는 그 전까지와는 다른 색채를 띠게 된다.

표기장군 곽거병의 죽음은 시대의 상승기에 종지부를 찍었으며, 어사대부 장탕이 황제의 명으로 자살한 것은 그로부터 2년 뒤인 원정元鼎 2년이었다.

박트리아에서 사용되던 동전 화폐

4장
서역을 향한 꿈

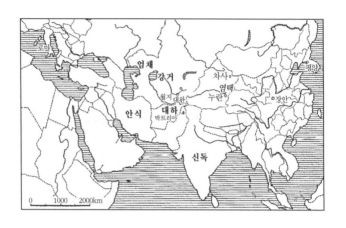

1.

연호年號를 가지고 햇수를 세는 동아시아 여러 나라의 특수한 풍습은 한나라 무제 때부터 시작되었다. 하지만 현재의 일본처럼 '메이지明治'·'다이쇼大正'·'쇼와昭和' 하는 식으로 한 명의 천황이 재위하는 기간을 하나의 연호로 일관되게 지칭하는 경우는 비교적 새로운 방식이다. 이러한 방식은 일본에서는 메이지 시대 이후, 중국에서는 14세기 명나라 이후부터 관례였으며, 그 이전까지는 한 사람의 천자가 재위 기간에 몇 차례나 연호를 바꾸었다. 이른바 '개원改元'을 시행했던 것이다. 연호의 창시자 무제도 55년에 걸친 오랜 재위 기간에 열 차례나 개원을 단행하였다. 그중에서 처음 여섯 차례는 6년마다 연호를 바꿨다.

먼저 즉위 시초 6년은 건원建元이라는 연호를 사용했고, 다음 6년은 원광元光이라는 연호를 썼다. 요컨대 1장에서 얘기했던 기간으로, 이를테면 황제 생애 중 1기에 해당한다.

다음 기간은 원삭元朔 6년과 원수元狩 6년으로 앞서 2장과 3장에서 보았듯이 황제의 생애 가운데 최전성기를 맞이했던 시기이다. 이러한 2기가 끝났을 무렵에 황제는 이미 재위 25년이었고, 나이는 만으로 마흔 살이었다. 재위 연수는 그의 전체 재위 기간의 절반에 이르렀으며, 나이 역시 생애의 절반을 넘어선 때였다.

지금 이 장과 다음의 5장에서는 그 뒤를 이어서 3기에 대해 이야기하고자 한다.

이 역시 6년마다 개원을 행하여 원정元鼎이라 불리는 기간이 6년, 이어 원봉元封이라고 불리는 기간이 6년이었다.

총 12년이라는 이 기간도 쇠퇴기라고 할 수는 없으나, 최전성기는 이미 지나가 버렸다. 무제는 마침내 독재자로서 전폭적인 능력을 발휘하게 되지만, 그러나 그의 정신은 점차 이완되어갔다.

2.

　먼저 이 시기 황제의 가족 상황에 관해 이야기해보자.

　황후 위자부는 황제와 거의 비슷한 나이였다고 생각해야 할 것 같다. 그렇게 보면 벌써 마흔을 넘었을 것이므로, 황제의 사랑을 받기는 이미 어려운 나이였다.

　하지만 황후로서 그녀의 지위는 더욱 안정되어 있었다. 그녀가 낳은 황태자는 별 탈 없이 잘 성장하여 이 시기에 성년에 이르렀기 때문이다.

　황태자의 교육은 황제의 의향에 따라 유학을 중심으로 행해졌으며, 황태자 역시 유학을 좋아하였다. 어떤 학파의 유학을 진강進講할 것인가에 대해서는 다소의 논의가 있었겠지만, 이 또한 황제의 의향을 좇아 공자의 역사철학에 관한 서적이라고 일컬어지는『공양춘추公羊春秋』를 중심으로 하기로 결정되었다. 황태자는『공양춘추』과정을 마치자 이번에는 다시 춘추학의 다른 유파인『곡량춘추穀梁春秋』에도 흥미가 생겨, 이 학파의 권위자인 하구강공瑕丘江公의 진강까지 받았다.

그러한 진강을 통한 교육 이외에도 박망원이라는 별궁을 장안 교외에 마련해서 황태자가 명사들과 자유로이 만나면서 교양을 높일 수 있는 공간으로 삼도록 했다.

이같이 황후의 지위는 황태자의 지위와 서로 맞물리며 반석과 같이 확고해졌다. 그뿐만 아니라, 황후의 동생 위청은 더이상 현역 장수로는 활약하지 않으며 조용히 집안에 들어앉아 있었지만, 지난날의 공로 덕분에 나라 안에서 첫째가는 원훈으로 대접받고 있었다. 정치적 사안에는 별반 관여하지 않으면서도 중신의 맹주로 중요한 위치를 차지하였던 것은, 마치 일본 역사에서 만년의 도고 헤이하치로東鄕平八郎[1] 같은 위치에 있었던 셈이다.

게다가 이 또한 매우 기묘하게도 당시 위청은 황제의 손위 매부이기도 하였다. 그는 지난날 누나인 황후와 함께 자신이 노비로서 섬겼던 황녀, 또한 누나와 무제의 인연을 맺게 해준 인물이기도 한 황녀, 바로 그 평양공주의 배우자가 되어 있었기 때문이다.

일의 경위는 이러했다. 황녀 평양공주의 첫 남편은

---

1)1848~1934. 메이지 시대 일본의 군인. 청일전쟁과 러일전쟁에서 모두 승리를 거뒀던 해군 제독으로, '군신軍神' 또는 '동양의 넬슨Nelson'이라는 별명으로 불렸다.

조수曹壽라는 제후였는데, 훗날 병이 들자 황녀 쪽에서 이혼하고 말았다. 황녀는 시녀들을 모아놓고 새로운 남편감을 고르는 일에 대해 의논을 하였다.

"지금 신하들 가운데 제일 훌륭한 인물은 누군가?"

"그야 당연히 위청 대장군님이시죠."

"뭐, 위청이라고? 그 자는 우리 집 노비였어. 내가 외출할 적에 말을 타고서 나를 호위하던 일개 졸병이었다고."

하지만 당대의 으뜸가는 인물이 위청이라는 것은 틀림없는 사실이었다. 결국 황제의 누나는 위청을 두 번째 남편으로 맞아들였다. 노예 집안과 황제 집안이 겹혼인을 하여 겹사돈 관계가 되었던 셈이다.

이리하여 위씨 일족은 당대 첫째가는 권문세가가 되었다. 그리하여 당시 장안의 아이들은 이런 노래를 불렀다고 한다.

"아들 낳았다고 좋아하지 말아라.
딸을 낳았다고 화내지 말아라.
어찌 너만 보지 못하느냐!
위자부가 천하를 휘어잡는 것을."

그런데 정작 덩을 탔던[2] 위 황후 본인은 미색이 이미 쇠하여 황제에게 사랑을 받기는 힘든 나이였다는 사실은 앞서 언급한 바 있었다. 그렇다면 그녀를 대신하여 황제의 사랑을 받은 여인은 누구였는가? 기록에는 왕 부인王夫人이나 이 부인李夫人 등이 있었다고 하는데, 나중에 얘기하겠지만 특히 이 부인에 관해서는 슬프고 한스러운 로맨스가 전해오고 있다. 그렇지만 그것은 훨씬 후대인 다음 시기에나 가서야 벌어질 일이다.

요컨대 이 시기에는 후궁과의 로맨스 같은 일은 한동안 없었다.

3.

비단 후궁과의 로맨스 같은 일만 없었던 것이 아니었다. 무대 전면에 공식적으로 등장하는 인물들 역시 한적한 편이라 하겠다.

우선 무신의 경우를 보면 위청은 조용히 집안에 틀어박혀 있었고, 곽거병은 이미 세상을 떠난 뒤였다. 곽

---

2)'덩'은 공주와 같은 귀인이 타는 가마로, '덩을 탔다'라는 것은 신분이 낮은 여인이 결혼하여 높은 신분이 되는 것을 일컫는 말이다.

거병이 죽은 후로는 지난날의 위청이나 곽거병처럼 황제의 신임을 한 몸에 받으며 자유롭게 활약한 장수들은 다시 나타나지 않았다. 오랑캐에 대한 경략은 이 시기에도 남방·동방·서방으로 이루어졌지만, 장수들에 대한 황제의 신임은 그리 두텁지 못했고, 인물들의 그릇도 작은 편이있다.

한편 문신의 경우도 장탕이 죽은 이후로는 적막하였다. 우선 총리 격인 승상을 살펴보면, 장탕과의 권력 다툼에서 쌍벌죄로 황제의 처벌을 받았던 엄청적의 후임으로 조주趙周라는 인물이 승상이 되었으나 그 또한 실각한 뒤에 자진하였다. 그의 후임으로 예전에 태자태부를 지냈던 석경이 임명되었다. 석경은 앞서 언급한 바 있듯이, 지극히 정직하고 점잖은 인물이었다. 그런 성격 덕분에 사사賜死당하는 등의 불행한 사태가 없는 대신에 별달리 아무런 수완도 보여주지 못했고, 또한 공손홍처럼 후진을 키워주는 일도 없었다. 공손홍이 만들었던 승상 관저의 객관은 거의 빈집이나 다름이 없었다.

다음으로 부수상 격인 어사대부를 보면, 약간 특색 있는 인물이 있었다. 우선 복식卜式이라는, 욕심 없고 담박하며 청렴한 것이 마치 다카하시 고레키요高橋是

淸[3] 같은 인물이 잠시 동안 이 자리에 앉아 있었다.

복식은 원래 하남河南에서 농장을 경영하던 호농豪農이었다. 무제가 흉노 정벌에 힘을 쏟을 무렵에, 자진해서 자기 재산의 절반을 국방헌금으로 바치고자 하였다. 무제는 칙사를 보내 그의 의중을 물어보게 하였다.

"벼슬을 하고 싶어서인가?"

"아닙니다. 젊을 때부터 양 치는 일은 자신이 있지만, 관리 노릇은 한 번도 해본 일이 없습니다. 벼슬을 하고 싶은 마음은 없습니다."

"그러면 무엇인가 풀고 싶은 개인적인 원한이라도 있는가?"

"저는 남과 싸우지 않는 주의이며, 자선을 베풀기를 좋아합니다. 원한 따위가 있을 리가 없습니다."

"그렇다면 무엇을 바라고서 이렇듯 막대한 헌금을 하는 것인가?"

"천자께서 흉노를 정벌하고 계시지 않습니까? 완력이 있는 자는 전쟁터로 나가 싸우고, 재력이 있는 자는 돈을 바치는 것이 당연한 일입니다."

---

3)1854~1936. 일본의 관료·정치가. 재정통으로 20대 수상이 되었으나, 전쟁 예산을 둘러싸고 군부와 충돌을 빚다가 암살당했다.

여우에게 홀린 듯한 표정으로 돌아온 칙사에게 보고를 전해 들은 무제는 승상 공손홍과 함께 상의하였다.

"음, 저 자의 행위는 아무래도 상식적으로는 생각할 수 없는 일입니다. 필시 뭔가 꿍꿍이속이 있는 것입니다. 허가해서는 안 될 것입니다."

그로부터 다시 여러 해가 지나 한나라에 투항해온 흉노 혼야왕에 대한 접대와 유민 구제 등으로 인해 국고가 쪼들릴 무렵에 복식은 다시 헌금을 바치고자 했다. 이번에는 그 즉시 허가가 났고, 아울러 백성의 모범으로 표창을 하고 벼슬까지 내렸다.

하지만 복식은 변함없이 벼슬은 받지 않겠다고 사양하였고, 무제도 그렇다면 (그가 잘한다는) 양이나 돌보라면서 그를 금원禁苑인 상림원의 목장장에 임명하였다. 1년 남짓 지나자 상림원의 양들이 모두 통통하게 살이 올랐다. 우연히 그곳을 지나던 무제가 그의 방법이 좋다고 칭찬하는 말을 하자 복식이 대답하였다.

"단지 양들뿐이겠습니까? 백성도 마찬가지입니다. 적당한 때를 맞추어 돌보기만 한다면, 병든 양은 바로 제거되어 양들 전체에 해가 미치지 않게 됩니다."

무제는 복식의 이 말에 탄복하여 그를 지방관에 임명

하고 얼마 후 승진을 거듭하여 부총리 격인 어사대부가 되었다. 그런데 이 욕심 없는 인물은 어사대부 자리에 오르자마자 영업세의 폐지를 주장했고, 그 일이 무제의 비위를 건드렸던 탓에 무학無學을 이유로 파면되었다.

4.

복식을 대신해서 어사대부가 되었던 인물은 예관兒寬[4]이었다.

이 예관이라는 인물도 본래는 산동의 농민 출신이었는데, 유학의 교양을 쌓아 문관 시험에 급제했다. 말하자면 공손홍 같은 유형의 인물이었다.

그리하여 그는 처음에는 장탕의 부하로 있었는데, 그가 기초한 판결문이 매우 뛰어났던 덕분에 먼저 장탕에게 인정을 받고, 이윽고 여느 때처럼 자신의 유능한 부하를 황제에게 으레 천거하던 장탕의 방식에 따라 황제의 지우를 입게 되었다.

"언젠가 제출했던 그 판결문은 속리俗吏의 필법이 아니던데, 누가 작성했는가?"

---

4)'兒'자는 성씨로 읽을 때는 '倪'자와 통용하며 '예'로 읽는다.

"예관이라는 자입니다."

"허, 예관이라. 내 진작에 들어본 이름인 것 같은데."

그런 일이 있고부터 예관의 출셋길은 순조로웠다.

그러나 이 '작은 공손홍'은 공손홍만큼 도량이 넓지는 못했다. 장탕과 같은 강렬한 성격은 더더욱 없었다. 부총리가 되고 난 뒤부터는, 별다른 업적도 남기지 못하고서 9년 동안 그저 자리를 지키다가 죽었다고 기록되어 있다.

이처럼 장군이든 대신이든 단 한 사람도 두드러지게 뛰어난 인물이 없었을 뿐만 아니라, 엄조나 주매신 같은 두뇌 집단, 사마상여나 그 밖의 궁정시인도 이 시기에는 대부분 세상을 떠나버렸다. 게다가 마땅한 후계자도 나타나지 않았다.

이상과 같은 사실은 아마도 다음과 같은 배경에서 생겨났다고 추측할 수 있다. 마흔을 넘어 남자로서 한창 때를 맞이한 황제가 완전한 절대군주로 행동하고자 하는 욕심에, 유력한 조언자의 존재를 의식적 혹은 무의식적으로 기피하기에 이르렀던 것 아닌가 한다. 투박하고 고지식했던 급암이 본인의 희망과는 달리 멀리 지방관으로 쫓겨났던 사실은 이런 추측을 더욱 강화해준다고 하겠다.

이 시기에 황제의 측근으로 좌우에 있던 인물을 꼽으라면 아마도 상홍양과 기타 상인 출신의 경제 각료 정도였을 것이다. 하지만 그런 인물들의 전기는『사기』나『한서』에는 실려 있지 않다.

5.

이렇듯 측근을 배제하고서 자신의 독재 권력을 마음껏 휘두르기 시작한 황제는, 이 시기에 어떤 일들을 해내었던 것일까?

황제가 가장 열정을 쏟아 행했던 일은 두 가지였다. 하나는 서방 여러 나라와의 교류였다.

장건이 파미르고원의 저편, 그리스 문명의 최동단에 해당하는 세계까지 탐험했다는 사실은 앞서 설명하였다. 장건이 들려준 사실들은 황제의 흥미를 강하게 돋우었다. "그곳에 사는 사람들은 흉노와 같이 미개한 야만족은 아닌 모양이다. 무엇인가 일종의 문화가 있는 나라들처럼 느껴진다. 게다가 그곳의 산물들은 지극히 진기한 것들이 풍부하다고 하지 않은가?"

그러는 동안에 서방으로 들어가는 관문인 감숙성 일대도 곽거병의 활약으로 흉노 세력이 완전히 소탕되면서, 서방을 향한 황제의 열정은 더욱더 타올랐다.

장건은 종종 황제에게서 질문을 받았다.

"그 대하라는 나라에 대해 좀 더 이야기해주시오. 무엇이라고, 그곳에서는 가죽에다가 문자를 적어둔다고 했었나? 그리고 글자를 가로로 쓴다고? 흠, 그러고 보니 그대가 거기서 가지고 왔다는 그 동전 화폐, 거기에도 뭔가 글자 같은 게 옆으로 나란히 적혀 있었지."

장건이 대하, 곧 박트리아의 동전 화폐를 가지고 돌아왔다는 내용의 기사는 『사기』나 『한서』 어디에서도 보이지 않는다. 그러나 그 주변 나라의 화폐 사정에 대해서는, '금과 은으로 동전을 만드는데, 앞면에는 기마상을 새기고, 뒷면에는 사람 얼굴을 새겼다'[5]라거나, '앞면에는 사람의 두상頭像을 새기고, 뒷면에는 기마상을 새겼다'[6]라거나, '앞면에는 왕의 두상을, 뒷면에는 부인의 두상을 새겼다'[7]라는 식으로 정확히 기록되어 있으며, 이러한 기록은 최근 발굴로 출토된 유물과도 정확

---

5)『한서』 권96 『서역전西域傳』에는 계빈국罽賓國이라 되어 있다.
6)같은 책, 같은 곳에 오익산리국烏弋山離國이라고 되어 있다.
7)같은 책, 같은 곳에 안식국安息國이라고 되어 있다.

하게 부합하고 있다.

"흠, 이것이 그 나라 왕의 얼굴이로군. 오랑캐지만 늠름하게 생긴 사내로다. 아니, 이것은 지금의 왕이 아니고 5~60년 전쯤의 왕이라고 했지. 그리고 자기 아들에게 죽임을 당했다고 했던가?"

황제는 그것이 박트리아에 군림했던 그리스인 왕 유크라티데스Eucratides의 초상인 줄은 모르고, 동전의 부조를 찬찬히 들여다보았다. 그리고는 문득 어두운 표정을 지었다.

"자식이 제 아비를 죽인다는 것을 보면, 역시 한심스러운 오랑캐야! 하루빨리 『공양춘추』의 이상─왕자王者는 천하의 일통─統을 바란다─을 실현시키지 않으면 안 되겠어. 인류 문화의 주재자인 짐의 임무가 참으로 무겁도다."

황제는 약간 침울해져서 동전을 뒤집었다. 바로 그 순간 황제의 눈이 갑자기 빛나기 시작했다.

"오오, 이 늠름한 준마는, 이럴 수가! 이런 말들이 그 나라에는 실제로 있다는 말인가? 흠."

황제는 내심 무언가 짚이는 것이 있었다. 언젠가 들춰보았던 역서易書에 다음과 같은 예언이 적혀 있었다.

"신마神馬는 응당 서북쪽에서 올 것이다."[8]

6.

얼마 후에 장건은 다시 새로운 진언을 하였다. 지난 번 탐험에서 돌아온 후 장건은 한 차례 후侯에 봉해져 제후의 신분을 얻었었다. 하지만 흉노 정벌에 종군했다가 패배하면서 제후의 신분을 박탈당했으므로 자기 자신을 위해서라도 새로운 기회를 만들 필요가 있었다.

"지난번 월지국과의 교섭은 실패하였습니다. 그러나 서방의 나라는 월지 한 나라만이 아닙니다. 50여 개나 되는 나라들이 있습니다. 이번에는 오손국烏孫國과 한 번 교섭해보겠습니다. 흉노 세력을 억누르는 일도 되려니와, 서방 여러 나라들과 교류를 시작하는 교두보로 삼아도 될 것입니다."

오손도 원래는 월지국과 마찬가지로 감숙을 근거지로 하는 유목 부족인데, 이때는 훨씬 더 서쪽으로 거주지를 옮겨 지금의 신강성 서쪽 경계와 구소련령에 걸치는 이리 지방에다 나라를 세우고 있었다. 이리 지방

---

8)『한서』권61「장건이광리전張騫李廣利傳」"神馬當從西北來."

은 앞서 2장 15절에서 설명했듯이 흉노에 밀려 감숙에서 쫓겨난 월지국이 한동안 거주했던 지역이었으나, 오손이 흉노의 지원을 얻어 다시 월지를 그곳에서 더욱 서쪽에 있는 서西투르키스탄Turkestan의 소그디아나Sogdiana 방면으로 쫓아내고서, 월지가 떠난 땅을 자신들의 거주지로 삼았다.

장건의 진언은 물론 즉각 받아들여졌다. 그래서 두 번째 탐험대가 조직되었고, 장건을 대장으로 삼아 서쪽을 향해 출발하였다. 만일 오손이 한나라를 위해 편의를 봐주기만 한다면, 본래 그들이 살았던 감숙의 거주지를 되돌려주고 한나라의 물자도 넉넉히 제공하며 한나라 황녀도 기꺼이 오손으로 시집보내겠다는 것이 교섭의 조건이었다.

장건이 출발했던 시기는 곽거병이 죽은 원수 6년보다도 앞선 시기이며, 돌아온 시기는 곽거병이 세상을 뜨고 난 이후였을 것으로 추정된다.

이러한 교섭 역시 한나라가 희망 조건대로 성공하지는 못했으나, 결과는 한나라에 매우 유리하였다. 우선 장건은 오손의 사자를 대동하고 돌아왔는데, 오손의 사자는 한나라의 부강한 국력의 실상을 직접 눈으로 확인하고서 장건이 말한 내용이 거짓이 아니었음을 깨달았다. 아울러 한나라의 재물이 탐이 나서 인근 여러 나라에도 함께 권유해서 연이어 한나라에 입공入貢하게 되었다.

또한 장건은 오손의 왕이 황제에게 바치는 수십 필의 말까지 거느리고 돌아왔다. 서방의 말, 그것이야말로 무제가 가장 열망하던 것이었는데, 그토록 절실하게 바라던 명마를 얻은 기쁨에 그 말을 '천마天馬'라 이름 짓고서 애지중지하였다. '천마'란 이상적인 말이라는 뜻이다. 그렇지만 이 '천마'라는 명칭은 이윽고 명마를 구하려는 천자의 욕심이 다시 파미르고원의 서쪽으로 뻗쳐, 서투르키스탄 대완국의 말 쪽에 집착하면서, 그곳에서 생산되는 말에게로 옮겨가고 말았다. [9]

또한 장건은 자신이 데리고 갔던 몇몇 탐험대원에게 오손인 통역을 딸려서 이들을 더 먼 원방遠方의 여러 나라에까지 파견해놓고 있었다. 이 나라들은 총령葱嶺, 곧 파미르고원을 서쪽으로 넘어 구소련령 서투르키스탄 지방에 있던 나라들이며, 앞서 장건의 첫 번째 탐험에서 그 존재를 확인했던 나라들이었다. 페르가나의 대

---

9)이후 오손에서 나는 말은 '서극마西極馬'라고 불렀다.

완, 소그디아나의 강거와 월지, 박트리아의 대하 등이 바로 그 나라들이다. 모두 이해裏海, 곧 카스피Caspie해 동쪽 편에 위치한 나라들이며, 그중에는 알렉산더 대왕의 동방원정으로 말미암아 이식된 그리스 문명의 여택餘澤이 전해져 오는 나라들도 있었다.

이들 여러 나라에 파견된 탐험대원들도 그러는 동안에 차례차례 돌아왔다. 어떤 대원은 천자에 대한 그 나라 국왕들의 전언을 가져왔고, 또 어떤 대원은 그 나라의 특산물을 가지고 돌아왔다. 심지어 어떤 대원은 그 나라 사람들을 대동하고서 속속 귀환해왔다.

7.

천자의 서방에 대한 열의는 점점 더 세차게 타올랐다.

최초의 공로자인 장건은 그 후 오래지 않아 세상을 떠났지만, 더는 이 개척자에게만 의존할 필요는 없었다. 백 수십 명 또는 수백 명을 일대一隊로 구성한 탐험대가 해마다 몇 조組 또는 십 몇 조씩 조직되어 천자의 기대에 부응하기 위해 떠났다. 나중에는 일대의 인원수가 약간 줄어드는데, 그것은 탐험 열기가 식었기 때문은 아니었다. 탐험 기술이 발달하면서 많은 인원을 필요로 하지 않았기 때문이다.

8~9년이 지나서야 돌아오는 탐험대가 있는가 하면, 그보다 좀 더 빨리 돌아오는 예도 있었다.

대원들은 대개 죽음을 두려워하지 않는 무뢰배들이 많았다. 빙문 상대국에 대한 보상 물자로 조정에서 내준 물품을 장안 땅을 채 벗어나기도 전에 팔아먹는 사기꾼이 있는가 하면, 상대국에서 보낸 진공품進貢品을 속이거나 외교 사령을 적당히 꾸며대거나 하는 것은 흔히 있는 예삿일이었다. 그러다가 발각되면 엄벌에 처해졌는데, 이러한 엄벌 또한 천자의 정책이었다. 그런 자가 한 번 더 탐험을 지원해서 특별한 공을 세우면 그 대가로 벌을 면해주었다.

이렇게 해서 서방의 진귀한 물자들이 잇달아 중국에 수입되었다. 그 첫 번째가 말과 포도와 목숙苜蓿[10]이었다. 오늘날에는 우리 주변에서 아주 흔하게 볼 수 있지만, 무제 이전의 동아시아에는 존재하지 않았던 식물이 이때 처음으로 중국에 전래되었고, 마침내 일본에까지 전파되었다. 호두(호도胡桃)나 석류 따위도 그런 경우라

---

10)'개자리' 또는 '거여목'으로 불리는 풀로 목초나 거름 작물로 널리 쓰인다.

고 한다. 또 '현인眩人'으로 불리는 마술사[11] 등도 중국
에 들어왔다. 보옥寶玉·복식·기구·악기류도 아마 상
당량 수입되었을 것이다.

더욱이 사자들 중에 가장 멀리 갔던 경우는 안식, 엄
채奄蔡, 이헌犛軒, 조지條支, 신독 등으로 불리는 나라에
까지 족적을 남기고 있다. 안식은 페르시아, 엄채는 아
랄Aral해 북쪽 지방, 신독은 인도였다는 데 학자들의 설
이 대체로 일치한다. 미야자키 이치사다宮崎市定 박사의
주장에 따르면 '조지'는 셀레우키아Seleucia, 곧 시리아
였다고 한다. '이헌'은 다름 아닌 로마였을 것이라는 설
이 있다.

8.

그렇듯 머나먼 나라들로 오가는 중간 발판으로 가장
많이 이용되었던 곳은 처음 장건이 사자로 다녀왔던 오
손국이었다. 오손은 한나라와 사이가 너무 좋았던 나

---

11)『한서』 권61 「장건이광리전」 "그래서 대완 등 여러 나라는 한나라 사신이 돌아갈
때 사신을 딸려 보내 한나라의 광대함을 둘러보고서, 타조알과 이헌의 마술사를 한
나라에 바치니 천자가 크게 기뻐하였다(而大宛諸國發使隨漢使來, 觀漢廣大, 以大鳥卵及犛軒
眩人獻於漢, 天子大說)."

머지 흉노에게서 미움을 샀고, 그래서 더욱더 한나라
에 접근할 필요성을 느꼈던 까닭에 처음에 약속한 내용
대로 한나라 황녀를 왕비로 달라고 제의해왔다. 무제는
모반죄로 처형당한 조카 강도왕江都王 유건劉建의 딸을
황녀로 꾸며서 오손 왕에게 시집가게 하였다. 이 여인
이 오손에 있으면서 지었던 노래가「오손공주烏孫公主의
노래」로서 대단히 유명하였다.

"시집이라 온 곳이 하늘 한쪽 끝吾家嫁我兮天一方
머나먼 이국땅 오손 왕에게 몸을 맡겼네
遠託異國兮烏孫王.
둥근 천막으로 집을 삼고 모전으로 담장을 삼고
穹廬爲室兮氈爲牆
고기는 밥이 되고 양젖은 국이어라以肉爲食兮酪爲漿.
자나 깨나 고향 생각 마음만 아파 와居常土思兮心內傷
원컨대 누런 고니가 되어 고향으로 돌아가고파라
願爲黃鵠兮歸故鄉."[12]

이리하여 한나라에 고분고분 따르는 나라는 우대를

12)「한서」권96「서역전」에 실려 전한다.

하는 한편, 한나라에 적대하는 나라에는 원정군을 파견하였다. 이를테면 신강의 동쪽에 있으면서 한나라와 서방과의 교통을 방해하던 누란국樓蘭國과 차사국車師國의 왕은 한나라 장군 조파노趙破奴에게 포로가 되었다가, 이후 신하로서 복속할 것을 맹세하고서 풀려났다.

또한 이처럼 감숙에서 신강에 이르는 노선이 정비된 것과 병행하여 또 하나의 서방으로 가는 통로로 여겨지던 귀주·운남 방면 나라들과의 교섭도 지속되어 이 지역에 대한 한나라의 종주권이 점차 공고해져 갔다. 그 지역 추장들 가운데 한 명이던 야랑국 왕은 맨 처음 한나라 사자에게 이렇게 물었다.

"한나라와 우리나라 중에 어느 쪽이 더 큰가?"

우물 안 개구리를 뜻하는 '야랑자대夜郎自大'[13]라는 성어가 여기에서 생겨났다. 그러나 그런 무리도 일단 장안으로 데리고 와서 만개한 꽃들이 아름답게 비치는 화려한 황도皇都의 광경을 보여주면 더 이상의 불만이 없었다.

또한 운남의 곤명昆明이라는 나라에는 커다란 호수가 있어서 그 나라를 공격하기 위해서는 수전水戰을 대비한

13) 2장 22번 주석 참조.

훈련을 해야만 했다. 그 준비의 하나로 장안 교외에 있는 금원 상림원 안에다 '곤명지昆明池'라는 거대한 연못을 파게 했다는 사실도 이 시기의 유명한 화젯거리였다.

9.

이처럼 이 시기 황제의 외국에 대한 열의는 주로 서방을 향해 집중되었지만, 그 밖에도 남방과 동방을 향해서도 뻗어가고 있었다. 남방으로는 광동의 남월국을 향해서, 동방으로는 고조선古朝鮮을 향하였다. 다만 북방의 흉노만은 고비사막 너머로 달아나버렸기 때문에, 이 시기 동안에는 별다른 일이 없었다.

우선 남방의, 광동 원정부터 설명하기로 하자.

무제 즉위 초기에 황제의 은덕에 감격했던 남월 국왕이 자신의 왕자를 장안으로 보내 충성의 뜻을 표시했던 일은 앞서 2장 6절에서 설명하였다.

장안에 온 남월 왕자는 중국인 부인을 맞이하여 본국으로 돌아갔으며, 그들 사이에서 태어난 왕자가 당시 남월 국왕이 되었다. 그런데 한나라 조정은 사자를 보내어 새 국왕에게 모친과 함께 장안으로 와서 번속국藩

屬國으로서 충성을 서약하라는 의사를 전했다.

당시 사자로 뽑혔던 인물은 에두아르 샤반느가 '무제는 동양식의 책략을 썼다'라고 비판하듯이, 지극히 기묘한 인물이었다. 그는 새로운 국왕의 모친이 남월 왕자에게 시집가기 전에 사귀었던 정인情人으로 안국소계安國少季라는 이름의 사내였다. 왕의 모친은 옛 애인을 반갑게 맞이하였고, 한나라 조정의 요구도 그대로 수락하였다.

하지만 남월 출신의 토박이 대신들은 이를 받아들이지 않았다. 남월 왕실은 본래 한인漢人 출신으로 옛날 진시황이 광동에 파견했던 지방관의 자손이었다. 한나라 조정에 대해 쉽게 친근감을 느꼈던 것은 불륜의 사랑에 눈먼 왕의 모친뿐만은 아니었다. 그렇지만 대신들은 그 나라 출신의 토박이들이었고, 따라서 감정이 자연히 다를 수밖에 없었다.

"왕께서 일단 장안으로 따라가시면 어떤 일이 있어도 고국에 다시는 돌아오시지 못합니다. 그렇게 되면 남월국은 망하고 맙니다."

대신들은 독립을 선언하고서 한나라와의 외교 관계를 단절했다.

무제는 처음에는 온건한 방법으로 사태를 해결할 생각이었으나, 상황이 이런 지경에 이르자 어쩔 도리가 없었다. 원정군은 다섯 부대로 나뉘어 광동으로 향했다. 강서·호남에서 진격하는 부대와 별도로 한 부대는 귀주에서 장가강牂牁江을 타고 내려갔다. 20년 전에 당몽이 구장을 근거로 내렸던 판단은 정확했다.

대군에 포위당한 광동은 맥없이 함락되고 말았다. 남월국은 이로써 완전히 멸망하고, 광동성 일대뿐만이 아니라 해안선 북쪽을 따라 복건에서 절강성의 동해안 지방, 또한 남쪽으로는 현재의 인도차이나반도 동쪽 절반이 중국의 영토로 편입되었다. 이후 복건과 광동 지방에 한족이 아닌 여타 세력이 다시 독립 국가를 세운 적은, 21세기 현재에 이르기까지 단 한 차례도 없었다. 예상외로 맥없이 남월이 멸망해버린 것은 그 전부터 한인 세력이 이미 침투해 있었기 때문일 테지만, 그렇더라도 이 지방이 완전히 중국 문화권 안에 편입된 것은 무제 덕택이라고 할 수 있다.

이러한 남정南征의 결과로 남방의 진기한 물건들이 서방의 물자와 더불어 장안의 궁정 생활을 호사스럽게 해주었음은 말할 필요도 없겠다. 『한서』「서역전」의 논찬論贊에서는 이렇게 기록하고 있다.

　"이때 이후로 명주明珠·문갑文甲(대모玳瑁)·통서通
犀[14]·취우翠羽[15] 등과 같은 진귀한 보물들이 후궁에 넘
쳤고, 포초蒲梢·용문龍文·어목魚目·한혈汗血 등과 같
은 준마들이 황문黃門(궁궐)을 가득 채웠으며, 큰 코끼리
·사자·맹견·타조 등이 떼를 지어 외원外苑에서 먹이
를 먹었다. 이처럼 먼 나라의 진기한 물건들이 사방에
서 몰려들었다. 이에 (한 무제는) 상림원을 활짝 열고 곤
명지를 팠으며, 천문만호千門萬戶나 되는 궁궐[16]을 짓
고, 신명대神明臺와 통천대通天臺[17]를 세웠으며, 갑장甲
帳·을장乙帳[18]의 휘장을 세우고 수주隨珠와 화벽和璧을
연결하였다. 천자는 아름답게 수놓은 병풍을 두르고
취우翠羽로 장식한 외투를 걸치고서 옥으로 장식한 궤
안几案에 기대어 그 안에 거처하였다. 주지육림을 펼쳐

14)가운데가 백색이고 양쪽 끝이 서로 통하는 서각犀角으로 '통천서通天犀'로 불렸다.
15)취조(翠鳥, 물총새)의 깃과 털로 고대에 장식물로 쓰였다.
16)뒤에 나오는 건장궁建章宮을 말한다.
17)'신명대'는 건장궁에, '통천대'는 감천궁에 세웠다.
18)『태평어람』권699에서는 『한무고사』를 인용하여, "위에는 유리·주옥·야광명주
등 천하의 진귀한 보배를 뒤섞어 갑장이라는 휘장을 세웠고, 그다음에는 을장이라
는 휘장을 세웠다. 갑장에는 신을 모셨고, 을장에는 자신이 거처하였다上以琉璃·珠玉
·明夜光珠, 錯雜天下珍寶爲甲帳, 其次爲乙帳, 甲以居神, 乙以自居"라고 하였다.

놓고 사방의 오랑캐 땅에서 온 손님들에게 향응을 베풀었으며, 파유巴渝의 악무樂舞[19] · 도로都盧의 곡예[20] · 해중海中 「탕극碭極」의 악곡[21] · 만연어룡漫衍魚龍의 무도舞蹈[22] · 각저角抵(씨름) 등의 공연을 그들에게 구경시켜주었다."[23]

맨 마지막 부분에 나오는 '파유' 이하의 것들은 어느 것이나 가무와 음악과 마술의 종류들이다.

10.

앞에서 말했던 남월의 평정은 무제의 나이 마흔네 살인 원정 4년부터 6년에 걸쳐서 진행되었는데, 동방의

19)파군巴郡과 유수渝水(가롱강嘉陵江) 지역에서 전해져 오는 일종의 악무.

20)'도로'는 원래 남해南海 지역에 있던 나라 이름이었는데, 이 나라 사람들이 장대타기 등의 곡예에 뛰어나서 이후에는 장대타기 등의 곡예를 일반적으로 일컫는 명칭이 되었다.

21)'탕극'은 악곡樂曲의 이름이다.

22)'만연'은 고대에 삵과 비슷한 모양의 거수巨獸를 가리킨다. '만연어룡'은 사람이 거수 · 거어巨魚 · 거룡巨龍 등의 모양으로 가장假裝하고서 추는 무도의 일종임.

23)『한서』 권96 「서역전」 "自是之後, 明珠 · 文甲 · 通犀 · 翠羽之珍盈於後宮, 蒲梢 · 龍文 · 魚目 · 汗血之馬充於黃門, 巨象 · 師子 · 猛犬 · 大雀群食於外圃. 殊方異物, 四面而至. 於是廣開上林, 穿昆明池, 營千門萬戶之宮, 立神明通天之臺, 興造甲乙之帳, 落以隋珠和璧, 天子負黼依, 襲翠被, 憑玉几, 而處其中. 設酒池肉林以饗四夷之客, 作巴渝 · 都盧 · 海中碭極 · 漫衍魚龍 · 角抵之戲以觀視之."

고조선에 대한 정벌은 그로부터 다시 2년 후인 원봉 2년부터 3년까지의 시기에 걸쳐서 이루어졌다.

동방 정벌에 대한 뜻 역시 무제는 오래전부터 마음속에 키우고 있었던 것으로 보인다. 원삭 원년에 그 지역의 우두머리가 수많은 주민과 함께 투항해온 일[24]이 있어서, 지금의 압록강 유역으로 추정되는 지역에 지방관청인 군郡을 개설하고서 '창해군蒼海郡'이라고 불렀다. 하지만 창해군은 얼마 지나지 않아 다시 폐지되었고,[25] 원봉 2년[26]인 이 해에 이르러 지금의 평양에 도읍하고 있던 고조선을 공격하기에 이르렀다. 개전의 구실은 한나라 국경을 수비하던 장수가 고조선에 의해서 살해당했다는 이유에서였다.[27]

그리하여 이 원정도 대체로 성공을 거두었다. 산동에서 바다를 건넌 수군과 대동강을 건너 진격해 들어간

---

24) 원삭 원년인 기원전 128년에 예맥濊貊 군주 남려南閭가 고조선 왕 우거右渠에게 반란을 일으켜 주민 28만 명을 이끌고서 한나라에 투항했다고 한다.

25) 원삭 원년에 설치된 '창해군'은 이듬해 원삭 2년인 기원전 127년에 폐지되었다.

26) 기원전 109년에 해당한다.

27) 『한서』 권95 「서남이양월조선전西南夷兩粵朝鮮傳」 "원봉 2년에 한나라는 사신 섭하涉河를 보내어 우거를 꾸짖고 회유했으나, 우거는 끝내 천자의 명을 받들려고 하지 않았다. 섭하가 돌아가다가 국경인 패수泪水에 이르러 마부를 시켜 자기를 전송하러 온 조선의 비왕裨王 장長을 찔러 죽이고, 곧바로 새塞(국경 요소) 안으로 내달려 들어간 뒤에 드디어 돌아와 천자에게 '조선 장수를 죽였다'라고 보고했다. 천자가 그 공을 기려 꾸짖지 않고 섭하에게 요동군遼東郡 동부도위東部都尉의 벼슬을 내렸다. 조선은 섭하에게 원한을 품고서 군사를 출동시켜 기습 공격해서 섭하를 죽였다."

육군이 일제히 평양을 포위하여 국왕을 항복시켰다.[28]

하지만 이때의 원정은 무제를 위해서는 약간은 불명예스러운 역사를 남기고 있다. 원정군의 수군 장수[29]와 육군 장수[30]가 서로 전쟁터에서 공명을 다투다가 내분을 일으켰기 때문이다. 그래서 원정군이 귀환하자 무제는 육군 상수는 처형하였고, 수군 장수는 관위를 박탈하였다.

11.

지금까지 설명해온 것처럼, 세계 제국의 완성을 목표로 삼았던 무제의 의욕은 이러한 원정·원봉의 시기에도 서방·남방·동방을 향해 뻗어나갔고, 모두 성공을 거두고 있다. 적어도 겉으로는 성공을 거두었다고 하겠다. 하지만 그러한 성공의 이면에 어쩐지 슬며시 다가오는 퇴폐의 징후 같은 것이 느껴지는 것은 어째서일까?

---

28)사실은 우거왕이 항복을 한 것은 아니었다. 평양성이 한나라군에 포위당한 채, 전쟁이 장기화하자 내부적으로는 항전을 주장하는 국왕과 화의를 주장하는 대신들이 서로 대립하던 끝에, 결국 주화파 대신들이 우거왕을 죽이고서 한나라에 항복함으로써 평양성이 함락되었다.

29)누선장군樓船將軍 양복楊僕으로 나중에 관위가 박탈되고 평민이 되었다.

30)좌장군左將軍 순체荀彘로 나중에 기시형에 처해졌다.

고조선 정벌의 결말은 생각건대 그러한 퇴폐의 징후가 가장 두드러지게 나타난 경우이겠지만, 그 밖의 행동에서도 지난날 흉노와 맞섰을 때와 같은 열정은 느껴지지 않는다. 남월이 항복한 것, 그것은 이를테면 다 익은 감이 저절로 땅에 떨어진 격이었다. 또한 서방 여러 나라와의 교통은 이 시기 무제가 가장 열정을 쏟았던 일임에 틀림이 없다. 그리하여 이국의 새로운 사물들이 전래하면서 온 세상을 흥분케 하고, 세상을 한층 더 활기차게 만들었음은 분명한 사실이다. 황제의 그러한 열정의 밑바탕에는 서방의 물자에 대한 사리사욕이 가로놓여 있었다. 흉노를 상대했을 때와 같이 패기 넘치는 복수에 대한 의욕 따위는 없었다.

이 시기 무제가 측근의 문무文武 인재들을 물리치고서 완전한 독재자가 되었다는 사실은 앞서 설명한 바 있었다. 그런데 독재자로서 행동하는 황제의 심정은 실제로는 약간은 해이해져 있던 것이 아니었을까? 쾌락주의자 무제는 쾌락주의자가 흔히 빠지기 쉬운 경향으로서, 이를테면 강력한 저항에 맞서 싸우며 그것을 타개해 나가는 쾌락 쪽보다도 저항이 전혀 없는 곳에서 제멋대로 발산하는 쾌락 쪽으로 생각이 쏠리기 시작했던 것은 아닐까? 측근의 인재들을 멀리했다는 사실이야말로 바로 그렇듯 저항을 회피하려는 행동이었다.

그러한 무제의 심경 변화를 또 다른 측면에서 보여주는 일로, 이 시기에 현저했던 사실이 존재한다. 그것은 신비에 관한 황제의 흥미가 급격히 높아졌다는 점이다. 역사는 이 시기의 황제가 '천지天地의 사祀'에 대단히 열심이었다고 기록하고 있다. 그것은 신들에 대한 과도한 숭배며, 주술에 대한 맹목적 신앙으로서, 또한 그 밑바닥에는 불로불사의 생명을 얻으려는 황제의 욕망이 깔려 있었다. 욕망이 추동하는 열정은 서역·남해의 진기한 물자와 더불어 신들의 은총에까지 쏠리고 있었다. 따지고 보면 원정元鼎이니 원봉元封이니 하는 연호 또한 실은 그런 문제들과 연관이 있었다.

분음현汾陰縣에 있던 후토后土의 사당에서 사용되었던 쇠솥鼎으로
『박고도록博古圖錄』에 수록

5장
신선과 불로장생을 찾아서

1.

신비에 대한 무제의 관심 역시 그 생애의 중반기에 이르러 뜬금없이 높아졌던 것은 아니다. 그런 조짐은 일찍부터 있었다. 그리고 그것은 유학으로 마음이 기울어져 있던 황제로서는 당연한 일이기도 하였다.

왜냐하면 당시의 유학은 신비와 습합習슴[1]하는 경향을 띠고 있었기 때문이다. 공자에게서 비롯된 원시 유학은 합리주의, 인간중심주의의 주장으로 신비에 반발하는 경향을 띠었으나, 공자 때부터 무제 시대에 이르는 400년 사이에는 전국시대라는 기나긴 혼란기가 가로놓여 있었다. 그러한 시대를 거쳐오는 동안 유학은 민간신앙과 습합하면서 신비에 반발하는 경향이 점차 완화되었을 것으로 추정된다. 인간을 중시하는 가르침이라는 기본 틀은 변함이 없었지만, 인간의 문화로 의식되는 것 중에는 신을 대하는 행위가 유력하게 포함되어 있었다. 적어도 무제 즉위 당시의 유학은 그런 성격이었다. 당대 제일의 거유로 일컬어지던 동중서의 학설 가운데에도 주술적 요소가 적잖이 포함되어 있었다.

다만 무제의 조모 두 태후가 어떤 의미에서든 유학이

---

1)서로 다른 교의나 주의를 절충·종합하는 것을 말한다.

라면 질색하였던 관계로, 신비에 대한 황제의 취향 역시 두 태후가 살아 있을 때는 억눌려 있을 수밖에 없었다. 그러나 조모인 두 태후가 세상을 떠나자, 구세력의 압력이 사라지는 동시에 신비와 관련된 무제의 활동이 급격히 활발해졌다.

우선 두 태후가 죽은 지 2년 후인 원광 2년에는 즉각 장안의 서쪽 옹현雍縣으로 거둥하여 다섯 천신天神에게 제사를 지냈다. '옹雍'은 장안에서 위수渭水 서쪽으로 약 180킬로미터쯤 거슬러 올라간 곳에 있는 고장이다. 그곳에는 '오치五畤'라고 해서 다섯 천제天帝에게 제사를 올리는 제단이 있었다. 다섯 천제인 '오제五帝'는 동방은 '청제靑帝', 남방은 '적제赤帝', 중앙은 '황제黃帝', 서방은 '백제白帝', 북방은 '흑제黑帝'라고 해서, 각각의 방위를 상징하는 색깔로 구분하여 불렀다. 옹현은 지대가 높았던 관계로 그곳으로 (천자가) 거둥하는 것은 '상옹上雍', 곧 '옹으로 올라간다'라고 일컬었는데, 이러한 '상옹上雍'의 행차는 이후 3년마다 한 차례씩의 빈도로 이루어졌다.

2.

　천자天子는 '하늘의 아들'인 까닭에 하늘에 제사를 올릴 의무가 있으며, 또한 그것은 '하늘의 아들'인 천자에게만 허용된 특권이라는 것이 유학의 사상이다. 따라서 '상옹'은 하나의 유학적 실천이었지만, 황제의 흥미는 훨씬 대담하게도 당시 유학의 의식과는 더는 서로 용납할 수 없는 방향으로까지 뻗어나갔던 것이다.

　그것은 더 이상 인간으로서 신을 섬기는 것이 아니었다. 신선술을 수행해서 그 스스로가 신이 되고자 하였다. 이런 방향으로의 욕망 또한 일찍부터 나타났다. 그러한 방면의 고문 역할을 했던 이들이 황제를 측근에서 모시던 도사들이었다. 당시 언어로는 '방사方士'라고 불렀는데, 방사는 유자가 아니었다.

　처음 황제의 신임을 얻은 방사는 이소군李少君이었다.

　누가 그의 나이를 물어보면 "글쎄, 일흔 살은 넘었지" 하고 대답은 했어도, 과연 그의 진짜 나이가 몇 살인지는 아무도 몰랐다. 언젠가 승상 전분의 저택에서 열린 연회에 초대받았을 때, 동석한 손님들 가운데 아흔 살이 넘은 노인이 있었다. 도사는 노인을 향해 말했다.

　"내가 자네 할아버지와 어릴 적 친구였다네. 자주 저

곳에서 함께 어울려 활을 쏘곤 했었지."

노인이 90여 년 전의 옛일을 떠올려보니 (그의 말대로) 짚이는 구석이 있었다.

또 언젠가 무제는 오래된 동기銅器를 이소군에게 보여주었다.

"허, 이것은 옛날 제齊 나라 환공桓公이 백침대柏寢臺[2]에 두고 계셨던 물건입니다."

제나라 환공이란 인물은 700년 전의 군주였다.

도사는 무제에게 부엌신(조왕竈王)[3]에게 제사 지낼 것을 권하였다.

"부엌신에게 제사를 올리면 귀신을 부릴 수 있고, 귀신을 부리면 단사丹砂가 황금으로 변한답니다. 그 황금으로 식기를 만들면 수명이 늘어나고, 수명이 늘어나면 동해 가운데 있는 봉래산蓬萊山 신선도 만나실 수 있습니다. 게다가 봉선封禪이라는 최고의 제사를 올리시면 다시는 절대로 죽지 않습니다. 옛날 황제黃帝라는 천자가 바로 그 증거입니다. 아니, 신 역시 언젠가 해변에서

[2]지은이는 '백침대'를 떡갈나무로 된 침실로 보고 있으나, 달리 누대樓臺 위에 떡갈나무로 된 침실을 지었으므로 이러한 이름이 붙었다고 해석해 '백침대'를 누대의 이름으로 보려는 설도 있다. 이 누대를 달리 '환공대桓公臺'라고도 하였다.
[3]부엌을 맡아 다스린다는 신으로 우리나라에서도 '조왕(대)신'·'부뚜막신' 등으로 불린다.

그 유명한 선인 안기생安期生[4]을 만난 적이 있습니다만,
그때 안기생한테서 대추를 얻었습니다. 그 대추로 말하
자면 크기가 참외만 했습니다."

천자는 도사의 진언에 따라 부엌신에게 제사를 지냈
고, 동해로 사자를 보내어 봉래산과 선인 안기생을 찾
아보도록 하였다.

그러는 동안에 이 늙은 도사는 죽어버렸는데, 무제의
해석에 따르면 그것은 승천한 것이지, 단순한 죽음이
아니었다.

이소군의 뒤를 이어 황제의 특별한 대우를 받았던 도
사는 제齊 지방의 방사로 소옹少翁이라는 인물이었다.
제와 연燕, 곧 지금의 산동성과 하북성의 바닷가 지방은
방사들의 소굴이자 본고장이었다. 해변은 환상을 품어
기르는 요람이었다.

두 번째 방사인 소옹은 한때는 문성장군文成將軍이라
는 으리으리한 칭호까지 받으며 융숭한 대접을 받았으
나 얼마 후 실각하고 말았다. 무제는 범용한 군주가 아
니었다. 도사의 속임수에 마냥 속절없이 당하지만은 않
았다. 무제는 무엇인가 약간 수상쩍다는 느낌이 들었

---

[4]전설상의 신선으로 동해 봉래산에서 약을 지어 팔며 살았다고 한다.

다. 이에 당황한 도사는 비단에 글을 써서 소에게 먹인 뒤에 "이 소의 배 속에 기이한 물건이 들어 있습니다"라고 황제에게 아뢰었다. 소의 배를 가르게 한 무제는 이내 그 글이 도사의 필적임을 간파하고서 아무도 모르게 도사를 처형해버렸다. 이는 곽거병이 서방西方에서 한창 무훈을 떨치고 있던 시절의 이야기이다.

하지만 두 번째 방사가 남겼던 한마디 말만은 오래도록 무제의 귓전을 맴돌았다.

"만일 폐하께서 신神과 소통하고 싶으시더라도, 궁실이며 의복이며 모든 물품을 신들을 본떠서 해놓지 않으시면 신령은 오지 않습니다."

"신들과 소통하려면 사는 집도 입는 옷도 모든 것을 신들을 본떠서 똑같이 하라." 이 말 한마디가 어떤 효과를 낳았는지는 나중에 설명하기로 하겠다.

3.

신비에 대한 흥미는 황제의 나이가 마흔 살을 넘어, 이제 여기서 설명하는 원정·원봉 연간, 말하자면 무제가 완전한 독재자로 권력을 휘두르는 시기에 이르러 최고조에 달하게 된다.

먼저 황제는 마흔네 살 되던 해에 천신天神에 상대하는 것으로 지신地神의 사당을 건립했다. 종래에는 장안의 서쪽 옹현 오치에서 천신에게만 제사를 지냈으나, 이 해에는 다시 대지의 신에게 제사를 올리는 장소로 동쪽 황하를 넘어 산서성 분음현汾陰縣에 땅을 맡은 신인 '후토后土'의 사당이 세워져서 그곳으로 천자가 처음 거둥하게 되었다.

이 같은 황제의 경건함에 대해 신령은 즉각 상서로운 징조를 나타내었다. '구리로 만든 옛날 쇠솥古銅鼎'이 후토를 모신 사당 근처의 땅속에서 출토되었다. 그 쇠솥은 신이 내려준 '보배로운 쇠솥'(보정寶鼎)으로 해석되었으며, 이윽고 장안으로 운반하여 뭇 신하들에게 전시한 후에 장안의 서북쪽 200킬로미터 지점에 위치한 이궁離宮인 감천궁甘泉宮에 안치토록 하였다. 이 무렵의 연호를 '원정元鼎'이라고 개원한 것도 바로 그 때문이었다.

그 무렵 황제를 측근에서 모시는 방사는 제 지방 출신의 난대欒大라는 인물이었다. 하지만 이 자 역시 속임수가 탄로나 처형되고 나서, 다시 같은 제 지방 출신의 공손경公孫卿이 측근의 방사로 활동했다. 공손경은 황제에게 다음과 같이 말했다.

"폐하는 인류 최초의 천자였던 황제黃帝와 여러 측면에서 합치하시는 듯합니다. 황제는 구리로 쇠솥을 주조하여 그것이 완성되자 승천하였습니다. 지금 폐하도 쇠솥을 얻었습니다. 이는 상서로운 징조들이 서로 합치하는 바입니다. 올해 정월 원단은 신사일辛巳日이었고, 또 초하루의 동이 트는 시간이 마침 동지였습니다. 황제 때도 그러했습니다. 이는 시간이 서로 합치하는 것입니다. 황제는 명정明庭이라는 곳에서 뭇 신들과 응접했다고 하는데, 이곳은 다름 아닌 황제가 쇠솥을 안치했던 감천甘泉에 있는 산입니다. 이는 공간이 서로 합치하는 것입니다. 이렇게 된 바에는 폐하께서 아무쪼록 가장 높은 신인 태일泰一께 제사를 지내도록 하옵소서."

'태일'이란 종래 옹현의 오치에서 제사를 지내왔던 다섯 천제 가운데 가장 상위에 있는 최고신이라고 주장되었다.[5] 이러한 진언은 채택되었고 그 제단 역시 감천궁의 이궁에 만들어졌다. 감천은 높은 산 위에 위치해 있었고, 게다가 그 위에는 평지가 안쪽으로 펼쳐져 있

5)『한서』권25「교사지郊祀志」"하늘의 신 가운데 가장 귀한 것은 태일이며, 태일을 보좌하는 것이 오제五帝이다(天神貴者泰一, 泰一左曰五帝)."

어, 마치 일본의 고야산高野山[6] 같은 지형이었던 듯하다. 높은 산은 어느 민족에게나 으레 신령과 접하는 장소이다. 이후 그곳으로 황제가 행차하는 일이 빈번해졌으며, 행차의 노부鹵簿는 최고신에게 경의를 표하기 위해 항상 공식 의장으로 행해졌다. 원래 고지대는 여름날 피서에도 적합한 곳이다. 무제의 감천 행차에는 그런 의미도 담겨 있었다. 이윽고 황제는 그 이궁에서 아예 한 해의 절반가량을 머무르게 되었고, 천자의 행차를 수행하는 조정 관료들의 숙박을 위해서 광대한 숙사까지 산 위에 짓도록 명령을 내렸다.

도사 공손경은 황제에게 이런 말도 했다.

"인류 최초의 제왕인 황제黃帝가 승천하실 적에 하늘에서 용이 내려와 황제를 맞았습니다. 황제는 황후와 후궁들, 대신들 70여 명과 함께 용에 올랐으며, 나머지 지위가 낮은 신하들은 용의 수염에 매달렸습니다. 그러자 용의 수염이 빠지고 말았습니다. 백성들은 용의 수염과 그때 함께 떨어진 황제의 활, 이 두 가지 물건을 부둥켜안고 울부짖었습니다."

---

6) 일본 와카야마和歌山현에 있는 고산지대로 홍법대사弘法大師 구카이空海가 진언종眞言宗을 개창한 불교 성지로 유명하다. 현재는 유네스코 세계문화유산이다.

"뭐라고, 황제는 황후와 후궁들을 데리고 승천했다는 말인가? 나 같으면 처자식이고 뭐고 헌신짝처럼 다 내던져버리고 혼자 떠날 거야."

그런데 도사는 하마터면 꼬리를 잡힐 뻔하였다. 천자가 순행하는 도중에 황제의 무덤이라는 곳을 발견했기 때문이다.

"황제는 죽지 않았다고 말하지 않았던가? 그런데 무덤이 있는 것은 어찌 된 까닭인가?"

"신선이 되어 하늘로 올라간 뒤에 신하들이 그 의관을 이곳에 묻었던 것입니다."

또 도사는 이런 말로 천자를 타이르기도 하였다.

"현세의 군주 쪽에서 신선을 만나볼 일이 있는 것이지, 신선 쪽에서 폐하께 볼일이 있는 것은 아닙니다. 그러니 급하게 서두르시면 신령께서 오시지 않습니다. 물론 느긋하니 햇수가 차야 하는 법입니다."

4.

게다가 무제가 마흔일곱 살이 되던 해에는 그토록 고대하던 대제사, 곧 봉선 의례가 산동성 태산泰山에서 거행되었다.

'봉선封禪'이란 천하가 '태평太平', 요컨대 가장 높고 훌륭한 수준의 상태에 도달했음을 천자가 하늘과 땅에 고하는 의식인데, 그런 시대를 맞게 해준 제왕만이 이러한 의식을 거행할 수 있었다. 제사 장소는 산동성 평원 중앙에 우뚝 솟은 태산이었으며, 바치는 공물의 종류에도 여러 복잡한 규정이 있었다.

한나라 천자는 이런 제사를 거행할 만한 자격이 있었다. 그래서 봉선을 거행해주십사 하는 청원이 이미 조부 문제 때부터 일어나기 시작했으며, 무제 치세에 접어들면서 더욱더 뜨겁게 달아올랐다. 서방의 여러 나라와 남방의 여러 나라가 모두 인류 문화의 주재자인 한나라 황제의 위광威光에 복종하여 중국에 입공했고, 가장 완강했던 흉노조차도 점차 쇠퇴의 기미를 보였다. 비非 문화는 결국 문화의 대적자일 수는 없는 것이다. 지금이야말로 인류는 유사 이후로 태평성대를 맞이하고 있으며, 지금이야말로 진정한 '태평'의 시대가 아니던가? '태평'의 시대에는 그를 증명하는 것으로 천지가 상서로운 조짐을 보인다고 했으니, 그것도 딱 들어맞는다고 하겠다. 보배로운 쇠솥이 분음의 땅속에서 나온 것이 바로 그 증거이다. 바야흐로 황제는 봉선의 대전大典을 받듦으로써 부디 천지신명께 태평을 고하는 것이 마땅한 처사였다.

이는 유자나 도사들 할 것 없이 모두의 한결같은 희망이었다. 시강문사侍講文士의 우두머리 격인 사마상여는 비교적 일찍 세상을 떠났는데, 칙사가 그 유족을 조문했을 때 그의 아내 탁문군이 죽은 남편의 유고라며 바쳤던 글이 봉선 의례를 거행하라고 황제에게 권유해 올리는 문장이었다.

다만 최대의 제사였던 만큼, 의식 절차에 공을 들이지 않을 수 없었으나 의식의 구체적 사항에 대해서는 옛 문헌을 아무리 뒤져보아도 실은 별로 자료가 나오지 않았다. 그 때문에 하는 일도 없이 허송세월만 하다가 이 해 여름 4월 계묘일癸卯日에 마침내 의식을 실행에 옮기게 되었다. 의식 절차에 관해서는 대체로 도사들의 설이 채택되었지만, 유학의 학설과도 서로 배치되지 않도록 충분히 배려하였다.

하지만 의식 절차의 세세한 내용은 전혀 알 길이 없다. 천자는 홀로 측근의 시중봉거侍中奉車로 있던, 곽거병의 아들 곽자후霍子侯만을 데리고 태산에 올라가 친제親祭를 행했기 때문이다.[7] 제전이 끝나자 그 즉시 상서로운 징조가 나타났고, 고유문告由文을 바쳤던 곳으로 추정되는 장소 주변 일대에서 밤에는 빛이 밝게 비치고 낮에는 흰 구름이 가로로 길게 드리웠다.

대례大禮를 기념하여 천하의 백성들에게 작위 1급씩을 내려주고, 수작受爵한 이들의 아내에게는 백 호마다 소 한 마리와 술을 상으로 내려주었다. 모든 백성이 대례 참가 기념장 또는 술과 안주 등의 사례품을 받았다.

연호가 '원봉元封'으로 개원되었던 것도 또한 그런 기념 행위의 하나였다.

5.

이상에서 보았던 신들에 대한 숭배와 존경, 그와 관련·병행하여 원정·원봉 시기에 몹시 왕성하게 행해졌던 일이 두 가지 더 있었다. 하나는 사방으로 다녔던 대규모 순행巡幸이었고, 다른 하나는 대규모 건조물을 짓는 일이었다.

---

7)『사기』 권12 「효무본기孝武本紀」 "제례를 마치고, 천자는 홀로 시중봉거 곽자후를 데리고 태산에 올라가 다시 제단을 차려 하늘에 제사를 올렸다. 이러한 일들은 모두 밖으로 알려지는 것을 금지했다.(禮畢, 天子獨與侍中奉車子侯, 上泰山, 亦有封. 其事皆禁)."

대규모 순행이 시작된 것은 분음에서 '보배로운 쇠솥'을 얻었던 원정 4년, 무제의 나이 마흔네 살 때였다. 이 해에 천자의 행차는 먼저 동쪽으로 가서 황하 동쪽에서 후토后土의 신에게 제사를 지냈으며, 일단 장안으로 되돌아온 어가는 해가 바뀌면서 곧바로 다시 서쪽을 향했다. 우선 옹현 오치에서 천신에게 제사를 지낸 다음, 더욱 서쪽인 감숙으로 들어가 그곳에서 다시 북상하여 신진중新秦中으로 들어갔다. '신진중'이란 흉노에게서 새로 빼앗은 장성 밖의 땅이었다. 그곳에서 대규모 몰이사냥 행사를 치른 뒤에 어가는 비로소 장안으로 되돌아왔다. 수만 기騎의 인원이 천자 어가의 뒤를 따랐다.

그러나 규모가 가장 컸던 순행은 봉선의 대례를 치렀던 원봉 원년의 행차였다. 이 해 연초에 어가는 먼저 북쪽을 향해 출발하여 지금의 연안延安 부근을 지나 장성 밖으로 나가서 포두包頭 지방 인근까지 거동함으로써, 흉노에 대해 대대적인 무력시위를 벌였다. 당시의 조서에는 이렇게 씌어 있다.

"지금 남방의 남월국과 동구국은 모두 벌써 복죄伏罪했으나, 서만西蠻과 북이北夷는 아직도 서로 화목하게 지내지 못하고 있다. 바야흐로 짐이 변경을 순행하며 군대를 재편성하여 사기를 진작시키고자 한다."

또한 흉노의 왕 선우에게 사자를 파견하여 다음과 같이 황제의 말을 전하게 하였다.

"남월 왕의 수급은 이미 한나라 궁성의 문에 매달려 있다. 흉노도 기꺼이 싸울 생각이 있으면 어서 나오너라. 짐이 직접 국경에서 기다리겠노라. 사막 북쪽의 적막하고 추운 땅에 틀어박혀 있을 필요는 없을 것이다."

황제黃帝의 무덤을 발견하고서 도사를 힐문했던 사건은, 흉노에 대한 이러한 무력시위에서 귀환하는 도중에 있었던 일이며, 일단 장안으로 돌아온 황제의 어가는 이번에는 곧바로 동쪽을 향했다. 우선 장안 동편에 솟아있는 화산華山의 신에게 제사를 지낸 다음, 함곡관函谷關을 빠져나와 하남으로 들어가 숭산嵩山의 신에게 제사를 지냈다. 화산은 오악五岳 가운데 서악西嶽이며, 숭산은 중악中嶽이다. 두 명산에 제사를 끝마친 황제의 어가는 다시 동쪽으로 산동 바닷가에 도달하여 동해 가운데 있다는 신선을 생각하며, 한동안 그곳에 머무른 후, 약간 서쪽으로 되돌아와 동악東嶽인 태산에 도착하였다. 대제사 봉선의 의식을 거행하기 위해서였다.

그런데 이 전례 없는 성대한 의식을 치르고 난 뒤에도 천자의 행차는 곧장 장안으로 돌아가지 않고서, 한 번 더 동쪽 해안으로 나가더니, 바닷가를 따라서 지금의 산해관 부근까지 순행했다. 그런 다음 이번에는 서북쪽을 향해 장성 지대를 순행하고 나서야 비로소 감천궁으로 돌아왔다. 주행 거리가 총 1만 8천 리에 달했던 기나긴 여정이었다.

또다시 그 2년 뒤에 남방으로 순행하여 강서성江西省까지 행차의 발길이 미쳤다. 양자강 배 안에서 황제가 몸소 교蛟[8]를 활을 쏘아 잡았다는 이야기도 이때 있었던 일이다.

이렇듯 장대한 순행은 물론 대내외적으로 위세를 시위하려는 의미가 다분히 내포되어 있었다. 순행에는 외국 사신들이 대거 수행하는 것이 일반적 관례였다. 또한 고대 성왕聖王들이 사방으로 '순수巡狩'했던 일을 흉

---

8)상상의 동물로 보통은 홍수를 일으킨다는 교룡蛟龍을 의미하나, 달리 악어의 일종으로 보는 설도 있다.

내 낸 것은 유학적 이념의 실현이기도 하였다. 하지만 명산의 신들께 제사를 올리고, 동해의 (신선들이 산다는) 선산仙山을 멀리 바라보고자 하는, 신령에 대한 간절한 그리움이 중요한 동기였음은 두말할 나위가 없다.

게다가 순행 도중 종종 그 고장의 지방관이 행차를 영접하는 일에 소홀했다는 이유로 처형되었다는 사실은, 황제의 적극주의에 상당한 동정을 느끼는 나로서도 심히 언짢아지는 대목이라 하겠다.

6.

신을 향한 간절한 그리움과 서로 얽히면서 진행되었던 또 하나의 대사업은 온갖 대형 건조물의 건립이었다. 그 원동력이 되었던 것은, 예전에 소에게 글씨 쓴 비단을 먹였다가 들통나서 처형당했던 도사 소옹의 다음과 같은 진언이었다고 한다.

"신들과 소통하려면 사는 집도 입는 옷도 모든 것을 신들을 본떠서 똑같이 하라."

소옹의 후임자였던 공손경 또한 진언을 올렸다.

"선인은 누대에서 살기를 좋아한다고 합니다."

이리하여 먼저 축조된 건물이 황제 나이 마흔두 살 되던 원정 2년 봄, 장안의 황궁 미앙궁의 북쪽 성루 가운데 향기로운 잣나무로 세워진 백량대柏梁臺[9]였다. 그것은 신령과 가까이 사귀고자 하는 황제의 의지를 물질적 형태로 표현한 높다란 누대였다. 무제가 이 높다란 누대 위에서 군신들과 시회詩會를 열었다는 것은 칠언시七言詩의 첫 시작을 알리는 유명한 일화이지만, "비녀妃女의 입술을 깨무니 사탕처럼 달더라(齧妃女脣甘如飴)"라는 기발한 시구가 들어 있는 이 칠언시 연구聯句[10]는 실은 후세의 의작擬作이라고 알려져 있다.

백량대에 이어서 구리로 된 선인의 거대한 입상이 세워졌다. 높이 20장丈[11], 둘레가 일곱 아름이나 되는 이 선인상은 커다란 쟁반을 받쳐 든 손을 공중에 뻗치고 있었다. 그 쟁반에 고인 이슬에 옥가루를 타서 천자가

9)높이가 20장丈이나 되고, 향백香柏으로 대들보를 삼았기 때문에 이런 이름이 붙었다고 한다.
10)한 무제가 백량대의 낙성식에서 신하들에게 짓게 한 데서「백량시柏梁詩」또는 '백량체柏梁體'로 일컬어진다. 각 구에 압운押韻하는 칠언 연구聯句 형식으로 원시는『전한삼국시진남북조시全漢三國晉』에 수록되어 있다. 명말 청초의 고증학자 고염무顧炎武가 이 작품이 위작이라고 주장한 이후로 대개 후세 사람의 위작이라고 보는 견해가 일반적이다.
11)1장丈은 10척尺인데, 1척의 길이는 일정치 않으나 대체로 27.65~33.3센티미터 사이로 본다.

마셨다. 이것이 이른바 선인장仙人掌 또는 승로반承露盤이라고 불리던 것인데, 이런 식으로 구리나 돌로 만든 인물상이나 거대한 동물상이 그 밖에도 여러 곳에 세워졌다. 이는 아마도 흉노 습속에서 영향을 받았을 것이라고 보는 것이 후지타 도요하치藤田豊八 박사의 학설이다. 곽거병이 두 번째 원정에서 흉노의 '제천 의식에 쓰던 금인(제천금인祭天金人)'을 노획해서 돌아왔던 일은 앞서 2장 18절에서 다룬 적이 있었다.

봉선 의식을 거행한 이듬해에는 또다시 장안에 비렴계관飛廉桂館, 감천 이궁에 익연수관益延壽館[12]을 지었는데, 두 건물은 높이가 모두 40장이었으며, 감천에는 별도로 또 30장 높이의 통천대通天臺를 세웠다. 통천대 위에서는 멀리 동남쪽 200킬로미터 떨어진 장안의 성벽을 분명하게 가리킬 수 있었다 한다.

또한 이 무렵부터 종래의 연·제 지방 출신의 방사들 이외에 남방의 무복巫卜이 궁중에 들어왔다. 남월국을 병탄한 일은 광동의 물자 유입을 용이하게 해주는 동시에 닭 뼈로 치는 점인 계복鷄卜까지도 북방으로 전파시

---

12) '비렴飛廉·계관桂館·익수益壽·연수延壽'로 네 군데의 관명館名으로 보는 견해도 있다.

켰다.

바로 그 무렵 최초의 고층 건축물이었던 백량대가 화재로 불타고 말았다. 원봉의 연호도 6년으로 마감하고, 다시 태초太初 원년으로 개원했던 해의 11월 22일에 일어난 일이었다. 그러자 용지勇之라는 남월 출신 무당이 진언하였다.

"월나라 풍속에서는 화재를 당하고 나서 사업이 이전보다 번창해지는 것을 우선 첫째로 여깁니다. 이전보다도 훨씬 크게 집을 지어서 재앙을 물리칩니다."

이 같은 진언에 따라 세워진 건축물이 건장궁建章宮이었다. 이 거대한 규모의 궁전은 장안의 서쪽에 위치했는데, 성벽을 사이에 두고 조상 대대로 정궁이었던 미앙궁과 서로 마주 보면서도 미앙궁을 굽어보게끔 설계되었다. 궁전 내부는 수많은 구조물로 나뉘어 있고, 각 구조물 사이에는 서로를 잇는 복도가 연결되어 있었다. 복도는 모두 이 층으로 만들어, 위로는 천자가 다니고 아래로는 신하가 다니도록 되어 있었다. 이른바 '각도閣道'라는 것이다. 각도로 연결된 궁실의 수는 독립된 구조물을 하나씩 계산한다면 천 개를 헤아렸으며, 방의 총수는 만 개에 달했다. 이른바 '천문만호千門萬戶'였던 것이다.

"만일 아교를 아내로 얻는다면, 당연히 황금으로 된 집을 지어 거기에 살게 하겠어요."

어린 시절에 이미 그런 말을 했다고 전해지는 천자는 미인을 사랑하는 일에도 열심이었지만, 동시에 '황금으로 된 집(금옥金屋)'을 짓는 일[13]에도 대단히 적극적이었음을 알 수 있다.

원래 무제가 대규모 건축 또는 토목 사업을 일으키기를 즐겨 했던 것은 꼭 이 시기에 이르러 시작되었던 일은 아니다. 장안성 밖의 금원 상림원을 정비·확장하였던 것은 즉위하고 나서 얼마 되지 않은 시기였다. 상림원과 관련해서도 해야 할 이야깃거리를 적지 않게 수집했지만, 지금은 상세하게 설명할 겨를이 없다. 요컨대 상림원은 장안 근교 일대의 광대한 토지를, 몽땅 수용해서 만든 천자 전용의 대규모 사냥터이자 식물원이고 동물원이었다.

그런데 상림원을 중심으로 하는 초기 건조물의 조영에서 그 동기로 작용했던 것은 수렵가로서 무제의 취

---

13)이러한 고사에서 임금이 여인을 매우 사랑하는 것을 가리켜 '금옥총金屋寵'이라고 표현한다.

미, 말하자면 일종의 스포츠맨십이었으나, 이윽고 건장궁을 총결산으로 삼았던 이 시기의 축조물들은 모두 주술과 결부되어 있었다.

황제의 심경 변화는 여기서도 찾아볼 수 있다.

7.

이상에서 본 것과 같은 신선에 대한 무제의 행위, 그리고 그와 관련된 갖가지 행위를 자세하게 기록한 글이 『사기』의 「봉선서封禪書」이며, 이 「봉선서」를 또다시 보충·정정한 기록이 『한서』의 「교사지」이다. 이 두 문헌의 필법은 무제의 행위에 대해서 반드시 호의적이라고 할 수는 없다. 곧 황제의 광신적 태도에 대해 비판적인 입장을 기술하고 있다.

『사기』와 『한서』의 기술에 이미 내포된 이러한 비판은, 후세의 유가에 이르러서는 한층 더 강화되어서 무제의 광신적 행위는 완전히 얼빠진 짓으로 취급당하고 있다. 특히 합리주의적 가르침인 유학의 신봉자인 황제가 동시에 초자연적 신선의 신앙자였다는 사실은, 상호 모순된 행위로 더욱더 우스꽝스럽고 얼빠진 행위로 간주되었다.

　실제로 그것은 어리석은 짓이었다. 무제의 행위 가운데 유학의 정립, 문학의 애호는 이후 오래도록 중국의 역사를 관통하는 전통이 되었으나, 신선에 대한 존중은 이후의 전통으로서는 자리 잡지 못했다. 무제만큼이나 요란스럽게 드러내놓고 주술을 애호했던 권력자는 그 이후의 중국 역사에서는 아무도 없었다. 당나라 현종玄宗, 북송의 진종眞宗이라 할지라도 무제 정도는 아니었다. 무제의 광신은 무제 이전의 삶이 지니고 있던 불완전함과 어리석음을 요란스레 실증해 보임으로써, 종전의 전통을 단절시키는 것이었다고 말할 수 있다. 유학과 문학의 정립은 새로운 전통의 출발점으로, 무제 시대를 역사의 흐름 속에서 도드라져 보이게 만들었다. 동시에 신선에 대한 애호는 오랜 전통을 청산하고 종언을 고하는 것으로서 그 시대적 의의를 부여한 것에 지나지 않는다고 하겠다.

　다만 여기서 어느 정도 고려해야만 할 사정은, 무제 시대 유학의 존재 양상이다. 당시의 유학은 과도하게 순수화를 추구했던 송나라 이후의 근세 유학처럼 신비에 대하여 격렬하게 반발하지는 않았으며, 오히려 신비

적 경향과 습합聒合한 것으로 생각할 수 있다는 사실은
이 장의 첫머리에서 설명한 바가 있다. 그것은 저 사마
상여풍의 미문이 송나라 이후 순수화된 유학의 입장에
서는 종종 적대시되었음에도, 무제 시대에는 그것이 오
히려 유학적 실천으로 간주되었던 경우와도 비슷하다.
당시 유학 속에 주술적 요소가 풍부했던 것은 당대 최
고의 유학자 동중서의 경우가 그렇거니와, 그 밖에 예
를 들자면 하후시창夏侯始昌이라는 『서경』 학자가 백량
대의 화재 사건을 일시까지 정확하게 예언했다는 일[14]
도 그런 사례의 하나이다.

　또 주술과 결부되었던 수많은 대규모 건조물 또한 한
편에서는 유학적 문화주의를 충족시키는 수단이었을
것이다. 유학에 있어서 문화에 대한 의식이 오로지 정
신적인 방향 축으로만 쏠리게 된 것은 송나라 이후의
현상이었다. 한나라 시대 유학은 그렇지는 않았다. 문
화는 반드시 육안으로 분명하게 확인할 수 있는 물질
적 증거를 가지지 않으면 안 되었다. 그런 의미에서 보

---

14) 『한서』 권27 「오행지五行志」 "태초 원년 11월 을유일에 미앙궁 백량대에 화재가 일
어났다. 이에 앞서 큰바람이 불어 그 지붕이 날아갔고 하후시창이 미리 화재가 일어
날 날짜를 예언하였다.(太初元年十一月乙酉, 未央宮柏梁臺災. 先是, 大風發其屋, 夏侯始昌先言
其災日)."

자면 건장궁의 건설은 무제가 자신의 가슴 속에 품었던 문화주의의 총결산이기도 했다.

이와 동시에 이들 대규모 건조물은 대외적으로 번속국의 사신들에게 한나라의 국력을 과시하는 수단이기도 하였다. 아니, 그보다도 오히려 당시의 의식으로는 인류 문화의 가능성을 문화의 바깥에 존재하는 불행한 인간들에게 구체적으로 드러내 보여주는 교재의 역할을 하였다.

그 같은 이유에서 또한 황제가 건립하는 대규모 건조물은 태평성세의 상징으로 나라 안의 백성들에게서도 외려 호감을 사며 환영을 받았다고 볼 수도 있다.

요컨대 무제는 사치스러운 생활을 하면 할수록, 천하 백성들에게서 더욱 인기를 얻는 상황에 묘한 상황에 있었던 셈이었다.

교토 대학이 소장한 한나라 시대 거울의 탁본

6장
황실의 비극 (상)

1.

이렇게 해서 원정과 원봉이라는 연호로 불렸던 12년의 세월이 지났을 무렵, 무제의 나이는 쉰두 살, 천자로 즉위한 지도 어느덧 36년이 지나고 있었다. 자신의 생애 3기에 해당하는 지난 12년 동안, 마침내 완전한 독재자가 되었던 무제는 자기 욕망의 나래를 사방으로 펼쳐 서역을 개척하고, 남월을 평정하였다. 또한 그의 욕망의 나래는 신비의 피안, 장생불사의 세계에까지 넘나들며 저 신비의 세계를 현세와 하나로 묶을 요량으로 수많은 대규모 건조물을 건립하였다.

이렇듯 제멋대로 사치를 부리게 되면, 대개의 경우 천자에게는 위기가 찾아들기 마련이다. 때로는 국가의 파멸까지도 초래할 수 있었다. 양梁 나라 무제武帝와 당 나라 현종이 모두 그러했다. 무제 치세에도 위기가 찾아오지 않았던 것은 아니다. 국고는 나날이 고갈되어갔고, 사방에서 도적들이 일어나기 시작했다고 「혹리전酷吏傳」은 전하고 있다.[1] 하지만 위기는 끝내 현실로 나

---

1)『한서』 권90 「혹리전」 "도적들이 더욱더 일어났다. 남양에 매면·백정이 있었고, 초 지방에는 단중·두소가 있었으며, 제 지방에는 서발이 있었고, 연과 조 지방 사이에는 견로와 범주의 무리가 있었다. (盜賊滋起. 南陽有梅免·百政, 楚有段中·杜少, 齊有徐勃, 燕趙之間有堅盧·范主之屬)."

타나지는 않았으며, 무제는 그 후에도 18년이라는 오랜 재위 연수를 채운 후에, 자신의 국가를 확실하게 후계자에게 물려주었다. 과연 무제답다고 해야 할 것이다.

그렇지만 마지막 치세 18년간을 살펴보면 무언가 쇠락해가는 기미의 시대였다는 점을 부정하기는 어렵다. 건장궁의 조영을 마지막으로 대규모 건축이 더는 이루어지지 않았을 뿐만 아니라, 전반적으로 앞선 세 시기에서와 같이 화려한 이야깃거리가 빈약했던 편이다. 연호도 이 시기에는 4년마다 바뀌고 있다. 태초太初・천한天漢・태시太始・정화征和가 모두 4년씩이었으며, 이윽고 마지막 연호인 후원後元 2년째 되는 해에 무제는 세상을 떠났다.

나는 이 최후의 시기를 세 가지 비극에 관한 이야기를 통해 그려보고자 한다.

2.

첫 번째 비극은 후궁에서 일어났다.

정처였던 위 황후는 어느덧 쉰 살을 넘기고 있었다. 황제의 마음이 동해 사랑을 받을 나이는 완전히 지나버

렸다. 이 무렵 황제의 사랑을 독차지했던 이는 이 부인
李夫人이라는 여인이었다.

이 여인 또한 출신이 지극히 미천하였다. 중산中山 출
신이라면 지금의 하북성 중부 정현定縣에서 태어났던 것
으로 일족이 모두 예인 집안이었다. 그리고 이들 역시
무제의 누이인 평양공주의 비호를 받고 있었던 듯하다.

처음에 궁중에 들어왔던 이는 여인의 오빠인 이연년
李延年이었다.

이연년 또한 예인 출신인 관계로 가무로써 무제를 섬
겼는데, 특히 작곡에 뛰어나 기존의 선율에 장식음을
붙여 변주곡을 잘 만들었다. 그 멜로디의 관능적 감미
로움은 듣는 사람들의 마음을 온통 들뜨게 만들었다.
무제가 천지의 신들에게 제사를 지내는 일에 몰두했던
원정·원봉 연간 무렵, 황제의 칙명을 받아 문사들이 지
어 바친 시부에 곡조를 붙여 악가樂歌를 지은 인물도 바
로 이연년이었다.

어느 날 이연년은 무제 앞에서 춤을 추며 노래를 불
렀다.

"북쪽 지방에 아름다운 미인 있어 北方有佳人

이 세상에 그 아름다움 따를 이가 없다네 絶世而獨立.

눈길 한 번에 성이 기울고 一顧傾人城

눈길 두 번이면 나라가 기운다네 再顧傾人國.

성이 기울고 나라 기울 줄 내 어찌 모르리오 寧不知傾城與傾國!

아아, 아름다운 미인은 다시 얻기 어렵구나 佳人難再得."

황제는 한숨을 내쉬며 말했다.

"음, 그런데 그만한 미인이 이 세상에 있겠는가?"

이때 무제의 누이인 평양공주가 곁에서 거들었다.

"이연년한테 누이가 있다고 하옵니다."

곧바로 그 자리에 불려 나온 이연년의 누이는 아름다운 춤사위로 멋지게 춤을 추었다. 그녀가 바로 이 부인이었다.

3.

하지만 이 가인佳人은 너무도 박명하였다. 황자 한 명을 낳은 뒤에 건강이 나빠졌기 때문이다.

무제가 그녀의 임종을 보러 갔을 때 부인은 자신이 낳은 황자,[2] 친정 형제자매의 일을 재삼재사 부탁하였다. 그러면서도 그녀는 이불을 덮은 채로 황제에게 얼굴을 보여주지 않았다.

답답한 황제가 말했다.

"잠시만 얼굴을 보여주시오. 슬픈 일이지만 이것으로 아주 영이별이 될지도 모르잖소."

"아니옵니다. 화장도 하지 않은 얼굴로 폐하를 뵙는 것은 예의에 어긋나는 일이옵니다."

목소리는 여전히 이불 속에서 들려왔다.

"잠깐이라도 좋으니 얼굴을 보여주시오. 그리해준다면 그대의 형제들에게 높은 벼슬을 내리겠소."

"그들의 출세는 오로지 폐하의 생각에 달렸을 뿐입니다. 따로 소첩의 얼굴을 보여드리지 않더라도 말입니다."

그렇게 말하고서 벽 쪽을 향해 휙 돌아눕더니, 그저 숨죽여 울기만 할 뿐이었다.

황제가 언짢은 표정을 지으며 병상을 떠나가 버리자, 이 부인의 자매들은 그녀를 책망하였다.

---

2)창읍애왕昌邑哀王을 가리킨다.

"천자께 얼굴 한 번 잠시 보여주고, 우리 일 좀 잘 부탁해주면 좋지 않겠어?"

이 부인이 대답했다.

"바로 형제자매의 일을 생각했기 때문에 내가 폐하께 얼굴을 보이지 않았던 거예요. 폐하가 알고 계신 내 모습은 아름답던 예전의 나예요. 그런데 이런 비참한 얼굴을 보신다면, 필시 질겁하시고서 친정의 형제자매를 보살펴줄 생각을 하실까요?"

이 부인의 예감은 옳았다. 그녀가 죽고 난 뒤에 무제는 그녀의 오빠 이연년을 악부樂府[3]장관인 협률도위協律都尉에, 또 한 명의 오빠인 이광리李廣利를 이사장군貳師將軍에 임명하였다.

4.

이 부인에 관한 이야기는 여기서 끝나지 않는다.

죽은 그녀에 대한 무제의 간절한 그리움이 나날이 더해졌기 때문이다.

"죽은 이 부인의 혼령을 되불러오도록 해드릴까요?"

---

[3]궁중의 음악을 관장하는 부서를 가리킨다.

어느 도사[4]가 무제에게 이렇게 상주하였다.

등롱에 불이 환하게 켜지고 가운데뜰 이쪽과 저쪽에 마주 보이도록 칸막이 휘장이 설치되었다. 황제는 한쪽의 칸막이 휘장 안에 들어가 있었다. 제물인 술과 고기를 차례차례 진설하였다.

이윽고 저쪽 칸막이 휘상 안에서 누군가가 나타났다. 여인이었다. 그 여인은 가만히 앉아 있더니, 어느샌가 일어서서 걷고 있었다. 흡사 이 부인의 모습인 듯했다. 하지만 도사가 황제의 접근을 금했던 관계로, 무제는 가까이 다가가 그녀를 볼 수는 없었다.

무제는 슬픔을 이기지 못해 노래를 읊었다.[5]

　"부인인가, 아닌가? 是邪非邪

　내 우두커니 서서 그대를 바라보니 立而望之

　어이해 이다지도 느릿느릿 더디게 오시는가 偏何姍姍

　其來遲!"

이 노래는 악부로 넘겨져서, 악사들은 악기의 반주를

---

4)제 지방 출신의 방사 소옹을 말한다.
5)『한서』권97「외척전」에 실려 있으며 흔히 「이 부인가李夫人歌」로 불렸다.

곁들여 황제의 슬픔을 노래하였다.

또다시 황제는 이 부인의 죽음을 애도하며 몸소 한 편의 부를 지었다. 그 작품 역시 『한서』에 기록되어 있다. 그 기록에 따르면, 살아생전 이 부인의 아름다움은 마치 이제 막 탐스럽게 피어난 꽃 한 송이가 바람 불기를 기다리고 있는 것 같다고 쓰고 있다. 쓰러질 듯 기둥에 기대서서 흘리는 요염한 눈길은 특히나 매혹적이었다. 어찌 젊디젊은 육신이 이렇듯 갑작스레 떠나갈 수 있단 말인가? 어이해 마지막 가는 임종의 병상에서 또 그렇게도 박정하게 얼굴 한번 보여주지 않았던고?

> "저 밝은 세상 저버리고 去彼昭昭
>
> 어둠의 세계로 가버렸구려 就冥冥兮.
>
> 한 번 신궁新宮으로 내려간 뒤로는 既下新宮
>
> 다시는 옛집 뜰로 돌아오지를 않네 不復故庭兮.
>
> 아아, 애달프도다 嗚呼哀哉.
>
> 온종일 그대 혼령 그리워라 想魂靈兮!

황제가 읊은 부는 이렇게 끝을 맺고 있다.

5.

이 부인 이야기는 고대 에로티시즘의 아름다움을 보여주고도 남음이 있다는 점에서, 지난날 위 황후의 일화와 쌍벽을 이룬다. 하지만 이 부인 이야기는 너무나도 슬프고 한스러운 편이라 하겠다. 물론 '헌중'에서 황제의 사랑을 얻었다는 위 황후의 경우처럼 그렇게 생기발랄한 이야기는 아니다. 한쪽이 피어나는 꽃의 이야기였다면, 다른 하나는 스러져가는 꽃의 그것이라 할 수 있다. 꽃잎을 흩날리며 바람 불기만을 기다리던 꽃은 너무나도 황망하게 스러지고 말았다. 시대가 하강 국면에 접어들었다는 사실은 후궁의 이야기에서도 암시되고 있다.

그런데 이 부인의 임종시 유언으로 이사장군에 발탁된 오빠 이광리 역시 지난날의 총희였던 위 황후의 동생 위청 같은 행운을 누리지는 못했다. 물론 그는 애초부터 위청만큼의 재능 있는 인물도 아니었다. 비극은 잠깐동안 머뭇거리고 난 뒤에 이윽고 이 인물에게도 찾아들었다.

우선 '이사장군'이라는 칭호의 유래부터 알아보기로 하자. '이사貳師'는 본래 지명이었다. 다만 그것은 당시 중국인의 발길이 닿았던 범위 내에서 가장 먼 지방이었던 대완국, 지금의 구소련령 페르가나에 위치한 어느 성의 이름이었다. 파미르고원을 서쪽으로 넘어 카스피해에 가까운 대완국, 그곳에서 나는 명마야말로 무제가 가장 탐내는 말이었다. 하지만 그중에서도 가장 뛰어난 말은 대완국에서도 보물로 여겨 '이사'라는 성에 감춰두고서 한나라 사자에게는 아예 보여주지를 않았다. 이 말을 전해 들은 무제는 점점 더 애가 타서 가만히 있을 수가 없었다. 무슨 수를 써서라도 그 말을 얻어오라며 우선 첫 번째 사자가 파견되었다. 사자가 명마의 대가로 들고 갔던 것은 '구리로 거푸집에 부어 만든 말(금마金馬)'이었다.

하지만 교섭은 성공하지 못했다. 이사성貳師城의 명마는 대완국의 보물이었던 만큼 쉽사리 넘겨줄 리가 만무했다. 한나라 사자는 황제의 부탁을 들어주지 않는다면 대군을 파견하겠다고 협박하듯이 말했지만, 그것은 허풍에 지나지 않았다. 이곳까지 오는 한나라 대상隊商은 항상 식량이 도중에 떨어져 애를 먹었고, 그들 중 절반은 오는 도중에 죽지 않았던가?

상대에게 성의가 없다고 판단한 한나라 사자는 격한

어조로, 구리로 만든 말을 애써 가져오기는 했지만, 당신들에게는 줄 수 없다고 쏘아붙였다. 그렇다고 해서 도로 가져가는 것도 여간 성가신 일이 아니었으므로, 그 자리에서 구리로 만든 말을 깨뜨려 부수어버리고 말았다.

오는 말이 고와야 가는 말이 곱다고, 이번에는 대완국의 대신들이 한나라 사자들이 돌아가는 길을 가로막고 그들을 모두 죽인 뒤에 재물을 빼앗아버렸다.

일이 이 지경에 이르자, 이제 전쟁은 더는 피할 수 없게 되었다. 이 머나먼 지역까지 원정군을 파견하는 일이 지극히 곤란하다는 사실은 익히 잘 알고 있었다. 하지만 여타 국가들에 대한 한나라의 위신을 지키기 위해서라도 원정군의 파견은 필요하게 되었다. 단지 명마를 얻으려는 이유 때문만은 아니었다.

이 기회에 죽은 총희 이 부인의 일족에게 명예를 안겨야겠다고 생각해서, 무제가 이 원정군의 사령관에 임명했던 인물이 바로 그녀의 오빠인 이광리였다. 기필코 이사성의 명마를 빼앗아오라는 의미에서 '이사장군'이라는 칭호까지 내렸던 것이다.

6.

이광리가 이끄는 원정군이 서쪽을 향해 진군하기 시작했을 때는 태초 원년, 무제가 쉰세 살 되던 해였다. 원정군의 편성은 외국에서 귀순해온 이들로 구성된 6천 명 기병 부대를 중심으로, 여기에 각 지방에서 올라온 지원병 수만 명이 가세하였다. 이들 모두가 생사를 가리지 않고서 일확천금을 꿈꾸던 무리들이었다.

행군 과정은 당연히 곤란이 극심해졌다. 감숙성을 지나 신강성에 들어서자, 더 이상 온전한 한나라 세력권이 아니었다. 연도의 작은 나라들은 식량을 공급해주지 않았다. 이들을 포위해서 군량을 공출하도록 강요하면 순순히 말을 듣는 나라도 있지만, 설령 말을 듣지 않는 나라가 있어도 달리 어쩔 도리가 없었다. 하는 수 없이 포위망을 풀고서 다음 성을 포위하는 식이었다. 목적지인 대완국은 아직도 요원하기만 한데, 날짜만 자꾸 흘러갔다. 출발할 당시에는 수만 명에 이르던 부대가 도중에 굶어 죽거나 도주하는 바람에 병력은 수천 명으로 줄어들고 말았다.

이광리에게는 위청과 같은 인내심도 없었거니와 곽거병과 같은 과감함 역시 애당초부터 없었다. 온갖 방책을

다 써보았으나, 결국 2년이 지난 후에 감숙성의 돈황으로 되돌아오고 말았다. 그리하여 전열을 정비해 훗날에 다시 재출병하기를 원한다고 황제에게 주청하였다.

황제는 이 말을 듣고 격노했다. 칙사가 옥문관으로 급파되어 다음과 같은 황제의 엄명을 전달하였다.

"감히 옥문관 안으로 들어오는 자가 있으면 목을 벨 것이다."

이광리는 부득불 두 번째 원정을 결행하지 않을 수 없었다.

한 해 남짓 걸려서 정규병과 지원병을 합쳐서 다시 6만 병력이 이광리에게 배속되었다. 사인私人으로 식량을 지고서 따라가 참전하는 이는 여기에 포함되지 않았다. 군량 운반을 위해 준비한 소가 10만 마리, 말이 3만 필, 당나귀·낙타 등도 수만을 헤아렸다. 그 밖에 수공水工(수도기사水道技師)과 조마사調馬師가 특별히 배속되었다. 수공은 대완국 수도의 물길을 끊기 위함이었고, 조마사는 좋은 말을 확보·감별하는 데 실수가 없도록 하기 위해서였다.[6]

두 번째 원정은 준비가 주도면밀했던 덕분인지 연도

6)이런 역할을 위해 '집마교위執馬校尉'와 '구마교위驅馬校尉'를 두었다.

의 여러 나라도 대체로 한나라의 명령에 순순히 따랐다. 다만 천산남로의 윤대국輪臺國만은 한나라에 저항했지만, 이들을 도륙해버리고 진군하자 그 후에는 비교적 순조롭게 행군을 계속하여 목적지 대완국의 도읍에 도착하였다.

대완국의 국도는 귀산성貴山城이라는 곳이었다고 기록되어 있다. '귀산'은 'Khojent'의 음역이라는 것이 구와바라 지쓰조 박사의 설이고, 'Kâsân'의 음역이라는 것이 시라토리 구라키치白鳥庫吉 박사의 설이었는데, 1910년대에 두 사람 사이에 치열한 논쟁이 벌어졌던 일은 지금도 학계 이야깃거리로 남아 있다. 그런데 어쨌든 간에 바로 그 귀산성에 도착했을 즈음 이광리의 부대는 아직도 3만의 병력을 보유하고 있었다. 성을 둘러싸서 포위한 지 40일 남짓, 데리고 갔던 수공이 성안의 수원水源을 끊어버리고 말았다.

상황이 이렇게 되자 대완국은 투항하는 수밖에 없었다. 대완국의 노신老臣들은 앞서 한나라에 대항했던 자신들의 국왕을 죽여서 사죄의 뜻을 표했고, 아울러 소유한 모든 말들을 바치고서 한나라 군대가 좋은 말을 선택하게끔 하였다. 이광리는 일급의 명마 수십 필과

중등 이하의 말 3천여 필을 끌고서 돌아올 수 있었다.

이리하여 이광리는 가까스로 '이사장군'으로서 본인의 사명을 완수할 수 있었다. 다시금 산을 넘고 강을 건너서, 이번에는 활개치고 뽐내면서 옥문관에 들어서게 되었다. 하지만 처음 출발했을 때로부터 햇수로는 4년째, 남은 병사의 수는 겨우 만여 명 남짓으로 줄어들어 있었다. 이번 출병에는 식량이 그다지 부족하지 않았거니와 치열한 전투가 벌어진 경우가 드물었는데도 귀환 병사의 수가 이토록 적었던 것은 어째서였을까? 그것은 탐욕스러운 장군이나 장교들이 사병들 몫의 식량을 떼어먹었기 때문이었다. 그러나 천자는 1만 리나 되는 머나먼 원정길의 노고를 치하하면서 자잘한 일들에 대해서는 문제로 삼지를 않았다. 이광리에게 내린 조칙에서 무제는 이렇게 말했다.

"이사장군 광리는 저들의 죄를 정토征討하여 마침내 대완을 쳐서 승리하였다. 하늘의 신령의 도움을 받아 험한 산을 타고 황하를 거슬러 오르고, 사막을 건너 서해西海까지 이르렀다. 산에 눈이 쌓이지 않아, 사대부 士大夫들은 곧바로 통과해 건너서 왕의 수급을 얻고 진

귀한 보물들을 노획하여 온통 대궐 안에 늘어놓았도다. 이에 광리를 해서후海西侯에 봉하고, 식읍 8천 호를 내려주노라."

그런데 이 조칙의 어조는 어딘지 모르게 공허한 느낌을 준다. 흉노를 정벌했을 때 내렸던 조칙에서처럼 충만한 생기가 느껴지지 않는다고 여기는 것은 나만의 기분 탓일까?

7.

예인 집안 출신의 장수가 대완국 정벌에 있어 적잖이 어둡고 비참한 기억을 남기기는 했지만, 어쨌든 성공을 거두었던 관계로 이광리에게는 또다시 새로운 임무가 부과되었다. 그것은 흉노를 더욱 철저하게 토벌하는 일이었다.

"짐의 증조부모인 고황제高皇帝와 고황후高皇后께서는 흉노에게서 지독한 모욕을 당하셨다. 옛날 제 나라 양공襄公이 멀리 9대조 조상의 원수를 갚았다고 해서

공자가 『춘추』에서 찬양하고 있는 바, 짐 또한 그렇게
하고자 한다."

이런 내용의 조칙을 내린 것이 태초 4년 무제 나이 쉰
여섯 살 때였으며, 얼마간의 준비 기간을 거친 뒤에 토
벌군의 사령관으로 황제의 명령을 받았던 이가 이광리
였다. 이광리는 다시금 군사를 이끌고서 황야를 헤매는
신세가 되었다. 이후 약 10년 사이에 장성을 넘어서 흉
노를 토벌한 것이 세 차례, 하지만 그가 거둔 전적은 그
리 혁혁한 것이 못되었다.

첫 번째 원정은 천한 2년, 감숙 방면을 향해 이루어졌
다. 부장 이릉李陵이 불운한 전투의 결과로 문자 그대로
칼이 부러지고 화살이 떨어져 흉노에게 항복하고 만 것
이 이때 벌어진 사건이었다. 이릉의 비극은 최근 소설
가 나카지마 아쓰시中島敦[7]의 작품 『이릉』에 남김없이
묘사되어 있다. 게다가 나카지마 아쓰시의 문장은 소설
의 형식을 취하고는 있지만, 대부분의 사실은 『한서』의
내용을 그대로 가져왔다. 따라서 그 내용을 내가 여기

---

7)1909~1949. 일본의 소설가. 격조 높은 한문 풍의 문체와 이국적인 작품 소재로 높
은 평가를 받고 있다. 대표작으로 『산월기山月記』 『남도담南島譚』 등이 있다.

서 다시 되풀이할 필요는 없을 것 같다.[8]

그런데 이릉의 친구였던 태사공太史公, 곧 국가 도서를 관장하는 관리였던 사마천이 이릉의 항복을 변호하다 무제의 노여움을 사는 바람에 궁형宮刑이라는 치욕적인 육체적 형벌을 당하고 나서 발분發憤하여 『사기』 130권을 완성했던 일 역시 무제 말년의 우울한 시대적 분위기를 보여주는 이야깃거리라고 할 수 있다. 중국의 헤로도토스로 불리는 이 위대한 역사가의 저작이 냉엄한 리얼리즘으로 일관하고 있는 이유는, 첫째 사마천의 인품에도 기인하는 바가 있었다. 아울러 궁형이라는 육체적 모멸감을 느꼈던 개인적 사정에서도 기인하는 바가 있다고 하겠다. 하지만 무제 말년의 시대적 분위기와도 무관하지는 않았으리라고 여겨진다. 저 사마상여의 로맨티시즘이 무제 초기의 화려했던 시대적 분위기를 대표하는 것임에 반해, 사마천의 리얼리즘이야말로

---

8)이릉은 본래 한나라 군대 내에 이른바 산서파山西派를 대표하던 이광李廣의 손자이다. 이광은 위청과 대립하다가 세력 싸움에 밀려 자결하고 말았다. 이광리가 흉노 정벌에 나섰을 때, 이릉은 보병 5천 명을 이끌고 출정해서 흉노의 배후를 기습하는 등 이광리를 도왔으나, 귀로에 무기와 식량이 떨어지고 10만의 흉노 군에게 포위되어 투항하고 말았다. 그 소식을 전해 들은 무제는 격노하여 이릉의 모친과 처자를 죽이려 했고, 이때 사마천은 친구 이릉을 변호하다가 무제의 분노를 사는 바람에 궁형에 처해졌다. 이릉은 흉노에게 항복한 후 선우의 딸을 아내로 맞아들이고 우교왕右校王에 봉해져 선우의 군사·정치 고문으로 활약하다가 몽골고원에서 병사하였다.

바로 무제 말년의 시대에 생겨날 수밖에 없는 문학이었다. 『사기』의 출현은 이후 중국 역대의 역사가 죄다 『사기』의 체재를 본받아 역사를 엮는 전통의 시작을 알렸는데, 중국의 역사문학이 대체로 비극적 사건을 강조하는 경향을 띠게 된 것도 그 전통의 창시자가 처했던 환경의 성격과 무관하지는 않을 것이다. 하지만 그러한 문제에 대해서도 지금 나로서는 자세히 이야기할 여유는 없는 편이다. 따로 그런 문제만을 전적으로 다루는 사람들이 있을 것이다. 그런 방면에서 이미 세상에 나와 있는 책으로는, 다케다 다이준武田泰淳[9]의 『사마천』과 오카자키 후미오岡崎文夫의 『사마천』이 있으며, 에두아르 샤반느의 프랑스어 번역본 『사기』의 서문을 일본어로 옮긴 이와무라 시노부의 『사기저작고史記著作考』 같은 저작들이 있다.

　지금 그 문제는 접어두기로 하고 다시 이사장군 이광리 쪽 이야기로 돌아가면, 다음 해인 천한 3년[10]에는 북

---

9) 1912~1976. 일본 전후파 문학을 대표하는 소설가. 다케우치 요시미竹內好 등과 함께 '중국문학연구회'를 결성해 활발한 문학 활동을 벌였으며, 이후 평전 『사마천』을 비롯해 중국과 관련한 중후한 작품들을 발표해 문학사적으로도 높이 평가받고 있다.
10) 원서에 '천한 3년'(기원전 98년)이라고 했으나 『한서』에 보면 '천한 4년 봄 정월'이라고 되어 있는 것을 보아 지은이의 착각으로 보인다. 원서의 권말에 붙은 연표에는 정확하게 '천한 4년'으로 되어 있다.

방의 삭방朔方에서 출발해 재차 흉노를 공격했으며, 그
로부터 6년이 지난 정화 2년에는 역시 북방의 오원五原
에서 출진하여 세 번째로 흉노 공격에 나섰다. 이광리
가 자신의 신상에 관해 불길한 소식을 접한 것은 이 세
번째 원정 도중이었다. 국도 장안에서 일어난 대의옥大
疑獄 사건의 여파가 이광리의 신변에까지 미쳐 집에 있
는 가족들이 모조리 투옥되었다.[11] 이사장군은 다급한
나머지 우선 참모장과 상의하였다. 참모장인 호아부胡
亞夫는 뭔가 켕기는 데가 있던 전과자인지라 당장 흉노
에게 투항해버리자고 권고했으나, 예인 출신의 장수로
서는 결단을 내리기가 쉽지 않았다. 다시 한번 군사를
되돌려 흉노와 일전을 벌여 승리를 거둬 그 공로로 처

---

11)『한서』 권66 「공손유전왕양채진정전公孫劉田王楊蔡陳鄭傳」
"그 이듬해 이사장군 이광리가 군대를 이끌고 흉노를 치러 출진하는데 승상 유굴리
劉屈氂가 송별연을 열어 위교渭橋까지 전송을 나가 광리에게 인사의 말을 하였다. 이
에 광리가 말했다.
'바라건대 승상께서는 빨리 창읍왕昌邑王을 태자로 삼도록 청하셔야 할 것입니다. 만
약 그렇게 해서 세워져 황제가 된다면 승상께서는 오래오래 무슨 걱정이 있으시겠
습니까?'
승상 유굴리는 그렇게 하겠노라고 허락했다. 창읍왕이란 이사장군의 여동생 이 부
인의 아들이고, 이광리의 딸은 유굴리의 며느리였기 때문에 함께 창읍왕을 세우려
했던 것이다. (중략) 내자령內者令 곽양郭穰이 승상의 부인이 무당을 시켜 사당에서 제
사를 지내게 하면서 황제를 저주하고 악담을 퍼부었으며, 또한 이광리와 함께 기도
를 올리며 창읍왕을 황제로 만들려고 도모하고 있다고 고발했다. (중략) 조서를 내려
승상 유굴리를 음식 싣는 수레에 태워 조리를 돌리게 한 다음에 동시東市에서 요참腰
斬하였고, 처자는 목을 베어 화양가華陽街에 효수하였다. 이사장군의 처자도 잡혀 투
옥되었다."

자의 석방을 황제에게 탄원해보려고도 생각하였다. 하지만 대장의 본심을 간파한 부하들은 더는 명령을 듣지 않았다. 이렇게 허점을 보이고 있을 때 흉노에게 포위를 당해 그들에게 사로잡히고 말았다. 항복한 이광리는 극진한 대우를 받았으나, 그것이 도리어 흉노 신하들의 질시를 하게 되었고 얼마 후 살해당하고 만다.

"내 죽으면 반드시 너희 흉노를 망하게 하고 말 테다."

과연 그의 저주대로, 폭설이 내리고 가축들은 떼를 지어 죽고, 역병이 크게 창궐하였다. 흉노의 선우는 이광리를 위해 사당을 세우고 그의 원혼을 달랬다.

이 부인과 그의 오빠 이광리에 얽힌 이야기는 이것으로 끝을 맺는다.

그런데 이광리로 하여금 흉노에게 투항하지 않을 수 없게 만들었던, 장안에서 일어난 '대의옥 사건'이란 무엇이었던가? 다음에 올 마지막 장에서 설명하겠지만, 그것이야말로 황제의 말년을 가장 비참하게 만들었던, 황제 자신이 자초한 집안의 비극이었다.

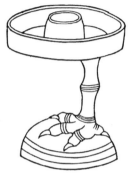

한나라 궁중에서 사용되었다고 전해지는 촛대로 '안족등雁足燈'으로
불림

7장
황실의 비극 (하)

1.

무제 스스로 자초했던 집안의 비극이란, 자기 손으로 제 자식인 황태자를 죽여야만 하는 곤경에 처하게 되었던 사정을 의미한다. 또한 그 죽음은 황태자의 모친인 위 황후에게까지도 영향을 미쳤다.

위 황후가 처음 아들 황자를 낳았을 당시 무제의 기뻐하던 모습, 또 일곱 살이 되어 정식으로 황태자 자리에 오른 황자가 유학 교육을 받으면서 성인으로 성장해 갔던 일 등은 모두 앞에서 설명한 바 있다.

황태자가 어떤 인품의 소유자였는지에 관해서는 그다지 자세한 기록이 남아 있지 않다. 유학을 매우 좋아해서 부황父皇이 정해준 『공양춘추』 외에도, 자진해서 즐겨 『곡량춘추』의 강의까지도 들었다고 전해지니 사리에 어둡고 우둔한 기질은 분명 아니었다. 무제가 봉선 대제사를 거행했을 무렵 황태자의 나이는 스무 살에 이르렀고, 이광리가 첫 번째 흉노 정벌에 출정하고, 이릉이 흉노에 투항했던 해에 황태자의 나이는 막 서른 살이 되었다.

그런데 이처럼 황제의 재위 연수와 더불어 황태자가 나이를 먹어감에 따라 그의 처지는 점차 미묘하게 변화

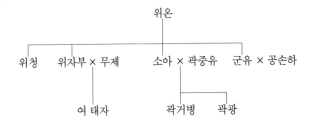

해갔다고 생각된다.

대체로 과거 시대 중국에 있어 황태자란 지위는 항상 어딘가 미묘한 구석이 있었다. 부황父皇의 재위 연수가 길어지는 때에는 더욱더 그러했다. 누군가 한 사람의 군주가 오랜 세월 군림하면, 정치 세력은 반드시 어딘가 한쪽으로 치우치기 마련이다. 이런 세력의 소용돌이에 들어가지 못하는 불만 세력은 또 다른 소용돌이의 중심을 찾으려는 법이다. 그런 경우 또 다른 중심이 되는 곳이 왕왕 황태자 쪽이다. 무제 치세 연간의 황태자의 상황도 마찬가지였다. 특히 무제가 황태자를 배려해서 박망원을 세우고서 자유롭게 외부 인사들과 접견할 수 있는 장소로 만들어주었던 일은 더한층 잘못된 처사였다. 황태자를 접견하기 위해 드나들었던 인간 중에는 그 동기가 순수하지 못했던 자들이 많았기 때문이다.

2.

"아니, 전하의 앞이라 직접 말씀드리기는 면구하옵니다만, 지금과 같은 성세는 실로 인류 역사가 시작된 이후로 처음이옵니다."

"그렇다마다요. 옛날의 요순시대가 태평성대라고 전해오지만, 어디 지금만 하겠습니까? 무엇보다도 그 무렵의 사람들이 가졌던 세계에 대한 지식이라고 해봐야, 보자, 『서경』의 「우공禹貢」 편에 나오는 '동쪽은 바닷가까지 이르고, 서쪽은 유사流沙로 덮여 있다(東漸於海, 西被於流沙)'는 정도가 고작이었지요. 그런데 지금은 그 유사 너머로 더욱 서쪽에서 계속 말들을 조공물로 바치고 있으니까요."

"그러고 보니, 고조선 도읍도 마침내 함락시켰다 하지 않습니까? 옛날 사람들이야, 고조선이니 하는 나라의 존재조차 알고나 있었겠습니까? 그런데 이제 그곳조차도 또한 중국 문화의 은택을 입게 되었다니까요."

"아니, 그 문화라는 문제만 하더라도 말입니다. 공자께서 5백 년 전에 주창하신 문화주의를 완전히 실행에 옮기신 분도 금상 폐하가 아니십니까?"

"허나, 이것은 전하의 면전에서 어떨는지 모르겠습니

다만, 세상이 문화적으로 변한 것도 좋은 일이고 또한 국위가 크게 신장된 일도 다 좋은데, 농촌이 너무 피폐해 있습니다."

"그렇습니다. 금년 산동 지방의 유민이 2백만 명을 넘는다고 하지 않습니까?"

"이거야 도무지 정치가 글러 먹었어요. 지금 승상 자리에 앉은 석경은 본래 황태자 전하를 모시던 자인데, 본래 저런 성품인지라 어린 시절 전하의 부육傳育을 담당할 선생으로서는 적격일는지 몰라도 승상을 맡기에는 너무 약해 빠졌어요."

"그래서 전하께서도 알고 계시지만, 상홍양이니 예관이니 하는 자들이 제멋대로 날뛰고 있는 게 아닙니까?"

"예관은 그래도 공안국孔安國1)의 제자이니 유학자라고 할 수 있겠지요."

"그런데 그 유학이라는 거 말입니다. 금상 폐하께서 즉위하신 초기에 유학을 국교로 정하신 것은 확실히 인류의 진보를 위해서 획기적인 일이라 하겠습니다. 그러나 채용하신 학파가 공양학파公羊學派라니, 어디 될 법

---

1)생몰년 미상. 전한前漢 초기의 학자. 공자의 후손으로 무제 때에 박사로 등용되었다. 경제景帝 시대 말기에 공자의 고택에서 발견된 『상서』 『예기』 『논어』 『효경』 등의 고문헌을 해독하여 전수함으로써 이른바 고문학古文學의 창시자로 일컬어진다.

이나 한 일입니까?"

"그렇지요. 그때야 부득이한 일이었을지 모르겠으나, 전하께서도 언젠가 말씀하셨듯이, 공양公羊이야 어디 학설이라 할 수 있겠습니까?"

"전하께서 존숭하시는 곡량穀梁의 학문이 하루빨리 세상을 다스리는 원리가 되어야 할 텐데 말입니다."

3.

만약 이런 식의 대화가 황태자의 처소를 출입하던 인사들 사이에서 오갔다고 가정해보자. 그때 황태자의 얼굴에 어떤 표정이 떠올랐다고 가정해보자. 그것이 바깥에 소문으로 새어 나간다면 사태는 미묘해진다. 아니, 미묘한 정도가 아니라 심각해지고 마는 것이다.

그뿐만이 아니었다. 태자의 모친인 위 황후가 나이를 먹어감에 따라 여전히 기력이 왕성했던 천자는 연이어 새로운 여인을 사랑하게 되었으며, 그 결과 황태자는 이제 무제의 유일한 독자일 수는 없게 되었다. 왕 부인 王夫人이 제회왕濟懷王 굉閎을 낳고, 이희李姬가 연날왕燕 剌王 단旦과 광릉廣陵의 여왕厲王 서胥를 낳고, 이 부인이 창읍昌邑의 애왕哀王 박髆을 낳는 등, 동생 여럿이 서로 다른 모친의 배에서 태어나 제각기 지방에 영지를 받고서 왕위에 앉아 있었다. 왕들은 저마다 측근에 추종자들을 거느렸는데, 그러한 측근 중에는 별스러운 야심을 품는 자가 본래 있기 마련이었다.

외숙부 위청이 살아 있는 동안은 황태자 모자의 지위는 여전히 추호의 흔들림도 없었다. 대장군 위청의 명성이 일세를 압도하고도 남음이 있었기 때문이다. 그런데 그런 위청이 황태자 나이 스물세 살 때, 그리고 무제의 나이가 아직 쉰한 살에 불과했을 적에 그다지 노령이 아님에도 세상을 떠나버린 일은 확실히 황태자 모자를 향후 불행으로 이끌어갈 최초의 전기를 만들었다 하겠다.

표기장군 곽거병의 죽음이 원삭·원수의 상승기를 원정·원봉의 하강기로 바꾸어놓은 하나의 전환점이었다면, 대장군 위청의 죽음은 거기서 다시 태초 이후의 시기로 접어드는 또 다른 전환점이 되었다고 생각할 수 있다.

4.

하지만 위청이 죽은 뒤에도 황태자 모친의 친정 위씨 일문의 세력이 조정에서 완전히 몰락했던 것은 아니었다.

황후 여동생의 남편이자 황태자에게는 이모부에 해당하는 공손하公孫賀가 승상에 임명되어 수상의 지위에 오른 것이 태초 3년, 황태사 나이 스물일곱 살 되던 해였다.

이 인물은 그릇이 형편없이 작았다. 반면에 쉰다섯 살의 무제는 독재자로서 이미 허다한 세월을 거쳐온 정치 베테랑으로서 노련하고 자신감에 충만해 있었다. 그 결과 대신들에 대해서는 부쩍 잔소리가 많아지게 되었다. 실제로 그때까지 세 명의 승상에게는 자진하라는 명령을 내렸을 정도이다. 이렇다 보니 이제는 승상에 임명되는 것이 반드시 고마운 일만은 아니게 되었다.

공손하는 승상으로 임명되던 날, 어떻게든 인수를 받지 않으려고 머리를 땅에 처박고 눈물을 흘리면서 황제의 은명을 극력 사양하였다. 결국에는 무제가 인수를 그곳에 던져둔 채 자리를 떠나버렸기 때문에 권에 비지떡으로 취임할 수밖에 없게 되었다.

이렇듯 나약한 승상이었지만 그래도 10년 동안이나

자리를 지키다가 실각하였다. 실각의 발단은 자식의 행실이 바르지 못했기 때문이었다. 공손하의 아들은 평소 자신이 황후의 조카라는 후광을 등에 업고서 눈살을 찌푸리게 하는 행동을 많이 했는데, 공금을 천9백만 전이나 제멋대로 유용한 사실이 발각되는 바람에 감옥에 갇히고 말았다. 승상은 애를 태우다가 자식을 구하기 위해 한 가지 묘안을 생각해냈다. 당시 장안 뒷골목을 주름잡던 노름꾼 패거리의 총두목으로 주안세朱安世라는 작자가 있었다. 이 주안세라는 작자에 대해서는 일찌감치 황제의 체포령이 내렸지만 보통 방법으로는 도무지 잡을 재간이 없었다. 그런 주안세를 승상은 기어코 잡고야 말았다. 주안세를 체포한 공로로 자식의 죄를 사면해달라고 황제에게 빌어볼 심산이었다.

일단 순순히 잡혀온 노름꾼 총두목은 일이 돌아가는 경위를 눈치채고는 승상 공손하를 비웃었다.

"좋다, 그런 식으로 나온다면 나한테도 다 생각이 있다."

노름꾼 총두목은 옥중에서 황제께 상주문을 올려 승상 부자의 죄상을 낱낱이 고발하였다.

"자식의 불품행不品行은 말할 것도 없거니와, 그 아비

인 승상 역시 무고의 요술로 폐하의 옥체에 저주를 퍼붓고 있습니다. 피서지인 이궁 감천궁으로 (폐하가) 가시는 치도馳道에 오동나무 인형을 묻어놓은 것이 바로 그 증거입니다."

승상 부자를 잡아다 심문한 결과로 두 사람은 옥중에서 죽고 말았다.

무고의 요술, 그것은 일찍이 첫 번째 황후인 진 황후를 실각의 나락으로 몰아넣은 것으로 쓰였던 적이 있었다. 그로부터 40년, 그와 똑같은 검은 마수가 황태자와 위 황후의 신변에도 다가오고 있었다.

5.

그러는 동안에 황태자의 비운을 결정적으로 초래하게 될 인물이 등장한다. 그는 음험하기 짝이 없는 인물로, 그 이름은 강충江充이라고 한다.

강충은 타고난 악인이었던 모양이다. 그는 처음에는 하북의 한단邯鄲을 영지로 삼았던 황족 조왕趙王의 가신이었으며, 또한 그의 누이는 조왕 태자의 비妃였다. 강충은 누이의 고자질로 왕자의 여러 비행을 알아낸 후,

부왕에게 이를 밀고하였다. 왕자는 분개하여 먼저 강충의 가족을 죄다 죽이고 이어 강충까지 죽이려 들었다.

신변에 위협을 느낀 강충은 그 즉시 장안으로 달아나 조나라 태자의 불법행위를 천자에게 고발하였다. 그의 고발은 받아들여졌고, 무제는 상림원 내에 있는 견대궁犬臺宮에서 강충을 불러들여 만나보았다.

"늘 입던 옷차림 그대로 폐하를 뵈어도 괜찮겠습니까?"

홑겹 비단에 그 아랫자락을 둥글게 도려서 뒤쪽으로 제비 꼬리처럼 텄다고 하니, 마치 프록코트처럼 생긴 상의였을까? 머리에 쓴 비단 관에는 기다란 새 깃털을 꽂아서 걸어갈 때마다 하늘하늘 흔들거렸다. 그는 몸집이 크고 늠름한 용모를 하고 있었다.

"허, 연조燕趙 지방에는 기이한 재주를 가진 인재가 많다고들 하더니, 과연 그렇구나."

무제는 이렇게 말하며 감탄하였다. 인재를 아꼈던 권력자는 종종 사기꾼에게 속아 넘어간다. 만년의 무제는 아마도 그런 잘못에 빠져들기 쉬운 심리 상태에 놓여있었을 것이다.

이윽고 직지수의사자直指繡衣使者[2]에 임명된 강충은 의기양양하니 거리낌 없이 법을 집행하였다. 대신이고 황족이고 그는 일절 개의치 않았다. 불법을 저지르면 가차 없이 적발하였다. 이윽고 그의 적발은 황태자에게까지 미쳤다.

어느 해 여름에 일어난 사건이었다. 황제는 장안에서 서북쪽으로 200킬로미터 떨어진, 최고신 태일太一[3]을 모시는 감천의 이궁에 피서를 가 있었다. 황태자는 황제에게 문안을 올리기 위해 사자를 파견했는데, 사자의 마차가 엉겁결에 치도馳道 위를 달리고 말았다. '치도'란 큰길의 정중앙 부분으로 천자의 어가만이 다닐 수 있는 길이다. 그런 치도 위를 천자 이외의 사람이 달리는 것은 불경죄에 해당한다.

그런데 그 광경을 강충이 보고 말았다.

황태자는 강충에게 사람을 보내 공손한 말로 양해를 구했으나, 강충은 완강히 받아들이지 않았다. 그리고 곧이곧대로 무제에게 보고했다.

---

2)한나라 정식 직제에는 없는 관직으로 황제의 직접 명령을 받아 법을 집행하는 일종의 비밀경찰의 우두머리임. 달리 '수의어사繡衣御史'·'수의집법繡衣執法'이라고도 하였다.

3)'북극성'을 뜻하며 '泰一'로 쓰기도 한다. 달리 '천제天帝'를 가리킨다.

"수의어사가 된 자는 마땅히 이렇게 해야 한다."

무제는 그런 강충이 더욱 마음에 들었다.

그런 일이 있고 난 후로, 황태자는 마음속 깊이 강충을 미워하게 되었다.

6.

강충은 강충대로 곰곰이 생각하였다.

"폐하의 나이가 벌써 예순여섯이 되셨다. 게다가 요즈음은 건강마저 좋지 않으시다. 줄곧 감천궁에만 틀어박혀 계시고, 혹시라도 뜻하지 않게 붕어하셔서 황태자가 즉위한다면, 그때에 나는 어떻게 되겠는가? 어떻게 해서든지 손을 쓰지 않으면 안 되겠다. 방법은, 그렇다! 작년에 승상 공손하 부자가 꼼짝없이 걸려들었던 바로 그 수법이다."

"폐하께서 편찮으신 까닭은 무고의 요술로 폐하의 옥체에 저주를 퍼붓는 자가 있기 때문이옵니다."

그런 상주가 올라가자마자 강충은 곧바로 사건의 조사를 담당하게 되었다. 비밀경찰의 촉수는 사방팔방으로 뻗어나갔다. 밀고는 장려되었고, 증거는 날조되었다. 호무胡巫와 짜고서는 미리 땅에다 술을 쏟아부어 두게 하였다.[4] 이어서 호무를 잡아다가 누가 시켜서 한 짓인지를 고문을 통해 허위자백을 받아내었다. 이 일로 인해 사형당한 이들이 전후로 수만 명에 달했다고 『한서』 「강충전」은 기록하고 있다.

"이리저리 샅샅이 조사해보았지만, 아직 무엇 하나 확실한 증거가 나오지 않았습니다. 만일을 위해 범위를 넓혀 궁중을 한번 조사해보았으면 합니다."

그러고 나서 궁중의 이곳저곳이 무참히 파헤쳐졌다. 처음에는 그다지 총애받지 못하는 비妃들의 방이, 이윽고 황후의 처소가, 마지막에는 황태자가 있는 동궁이 조사 명단에 올랐다. 오동나무 인형은 그곳의 땅속에도 묻혀 있었다.

대경실색한 황태자는 황급히 태자소부太子少傅 석덕石德을 불러들여 어떻게 뒷수습을 해야 할지를 상의하였다. 석덕은 일찍이 태자태부를 지낸 석경의 아들이었지만, 아직 나이가 젊은 황태자가 자신의 장래를 믿고 맡

---

4) 『한서』 권45 「괴오강식부蒯伍江息夫傳」 "강충은 호무를 시켜 땅을 파서 나무 인형을 찾아냈고, 이에 무고를 행한 자와 심지어 밤에 제사를 지내거나 귀신을 보았다는 자까지도 체포하였다. 이는 미리 호무를 시켜 귀신에게 오염된 곳을 살펴보게 하고 아울러 표시해놓고서 나중에 그곳을 파서 인형을 찾아내게 했던 것이다."

길 만한 재목은 못되었다. 석덕은 그저 자신의 책임은 면해야겠다는 한 가지 생각에 당황하여 이렇게 대답을 해버렸다.

"이젠 변명하기는 어렵게 되어버렸습니다. 강충을 체포하십시오. 어쩌면 폐하께서는 감천궁에서 이미 붕어하셨을는지도 모를 일입니다."

그것은 정화 2년 음력 7월 임오일壬午日에 벌어진 일이었다. 황태자는 사람을 보내어 강충을 포박하는 한편, 미앙궁 장추문長秋門으로 입궁하여 황후에게 상주하고, 황후의 마구간에 있는 수레를 모아 궁수 병사들을 태우고 병기고의 무기를 꺼내서 일전을 치를 전투태세를 갖추었다.

강충이 잡혀서 끌려오자, 황태자의 새된 목소리가 울려 퍼졌다.

"이 조나라 포로 놈아!5) 너는 네 나라 국왕 부자를 괴롭히더니, 그것도 부족해서 이제는 우리 부자 사이를 이간질하려는 게냐!"

황태자가 보는 앞에서 강충의 목이 잘려 나갔다.

---

5) 『한서』 원문에는 '조로趙虜'로 되어 있다.

7.

하지만 형세는 아무래도 황태자에게 불리했다. 장안의 백성들이 황태자의 거병을 반란이라고 단정하였기 때문이다. 늙은 황제의 인망은 여전히 일세를 압도하고 있었다. 늙은 황제에게 활을 겨누는 자는 그 누구든 모두 다 모반자였다.

한편 감천의 이궁에서 급보를 전해 들은 무제는 즉석에서 타고난 결단력을 유감없이 발휘하였다. 먼저 칙사가 장안성 안으로 달려와 당시의 승상 유굴리에게 황제의 엄명을 하달하였다. "황태자는 반역의 무리이다. 철저히 군사를 동원해서 쳐라. 다만 우거牛車로 바리케이드를 치고서 날카로운 병기는 사용하지 말라"고 하였다. 이것은 시가전이 초래할 참화를 심려한 것 이외에 반란이 쉽사리 진압, 평정되리라고 내다보았기 때문이었을 것이다. 무엇보다 성문을 굳게 닫고서 반란자의 도주를 막으라는 것이 가장 중요한 사항이었다.

이 같은 명령을 내린 뒤에, 무제는 전광석화와도 같이 장안성 서쪽의 건장궁으로 되돌아와서 기내畿內의 군대를 동원하여 승상의 병력에 가세토록 하였다. 황태자 쪽에서는 죄수들을 감옥에서 풀어주고 또 백성들을 그러모아 대항해보았지만 모두 허사였다. 교전 닷새 만에 황태자는 장안성의 남동쪽 문인 두문杜門을 빠져나간 뒤로 행방불명이 되었다. 성안으로 되돌아온 무제는 만일에 대비해 각 성문의 수비 병력을 증강하였다.

황태자가 숨은 곳은 20여 일이 지나고 나서 밝혀졌다. 장안의 동쪽 호현湖縣이라는 고장의 천구리泉鳩里라는 마을로, 그곳의 짚신 장수 집에 은신해 있었다. 황태자는 호현 근처에 살고 있던 형편이 넉넉한 친구에게 돈을 꾸러 사람을 보냈다가 발각이 되고 말았다.

곧바로 포졸들이 은신처를 포위하였다. 이제는 가망이 없다고 체념한 황태자는 스스로 목매어 자결했다. 방문을 들이부수고 들어간 포졸들이 끈을 풀고 황태자를 끌어내렸을 때 숨은 이미 끊어져 있었다. 향년 서른여덟이었다.

이 사건의 결과로 황태자의 모친 위 황후가 그 지위를 상실한 것은 말할 나위도 없다. 종정宗正, 곧 궁내부宮內府[6]장관인 유장락劉長樂과 집금오執金吾, 곧 경찰청장이었던 유감劉敢 등이 칙사로 파견되어 황후의 인수를 봉환하고 지진하라는 황제의 명을 전하였다. 유해

─────────────

[6]황실에 관한 사무를 총괄하는 관청.

는 작은 관에 수습되어, 성의 남쪽 동백촌桐柏村에 매장
되었다. 당시 황후의 나이는 아마도 칠순에 가까웠다.
황녀 처소의 가희로 무제의 사랑을 받았던 이후로 이런
최후를 맞이하기까지 48년 동안의 세월이 흘렀다. [7]

8.

황태자의 모반 사건이 일어난 것은 정화 2년, 무제 나
이 예순여섯 때였다. 이후로 늙은 황제의 마음은 갑작
스레 쓸쓸해졌다.

게다가 때마침 황태자는 억울하게 원죄冤罪를 쓰고
죽었다고 상주하는 이들이 자꾸 나타났다. 실제로 충분
히 조사해보니 아무래도 그것은 원죄에 가까운 사건이
었다.

황제는 황태자가 목숨을 끊었던 고장 호현에 궁전을
짓고, '아들을 그리워하는 집'이라는 뜻에서 그곳을 '사
자궁思子宮'이라 명명하고, 또한 높다란 누각을 지어서
'귀래망사지대歸來望思之臺'라는 이름을 붙였다. "아비는

---

7)앞서 보았듯이 이른바 '제1차 무고'로 인해 진 황후가 실각·유폐 당하였고, 이어
서 '제2차 무고'로 인해 진 황후의 라이벌이었던 위 황후 역시 황태자와 함께 죽음을
맞이하였던 셈이다.

너를 간절히 그리워하니, 넋이라도 돌아오기를 바라노라"라는 뜻이다.

천하 사람들이 그 이야기를 듣고서 늙은 황제의 심정을 동정해 깊이 슬퍼했다고 『한서』「여 태자전戾太子傳」에는 기록되어 있다. '여 태자'란 불행한 황태자에게 사후에 내려진 시호였다.[8]

하지만 사태는 슬픔만으로 수습되지는 않는 것이다. 서둘러 후계자를 결정해야만 하는 상황이었다.

"짐의 나이도 이미 칠순에 가깝다. 예전에는 신선도神仙道를 통해 불로장생할 것이라 믿고서 방사들에게 엉터리없이 기만당하기도 하였다. 그러나 죽음은 결국 조만간에 짐에게도 찾아올 것이다."

죽은 여 태자에게는 여러 명의 동생이 있었다. 연왕으로 있던 단旦과 광릉왕으로 있던 서胥는 모두 못나고 어리석으며 과실이 많은 자식이었다. 제왕 굉閎과 창읍왕 박髆은 일찍 세상을 떠나고 말았다.

결국 무제가 마음속으로 은밀히 대를 이을 후사로 점찍어놓은 자식은, 만년의 총희 조첩여趙倢伃가 낳은 막

---

8) 이러한 시호에 대해 태사의 행위가 '어기고 그릇됐다(위려違戾)'라고 보는 견해도 있고, 동중서처럼 '결과는 있으나 그 뜻이 없는 것을 일러 여戾라 한다'는 식으로 해석하는 견해가 서로 대립하고 있다. 역사서에서는 보통 '위 태자衛太子'로 일컬었다.

내아들이었다.

이 막내아들 모친 역시 출신이 미천한 편이었다.

언젠가 무제가 하북의 중부 하간河間 지방을 순행할 때, 지세를 잘 본다는 도사가 말했다.

"살펴보건대, 이 근처 어딘가에 기이한 여인이 살고 있을 기운이 보입니다."

황제의 부름을 받고 온 사람은 몸이 불구인 처녀였다. 태어날 때부터 양손의 주먹을 펴지 못하는 조막손이었다. 그런데 황제의 손길이 닿자마자 처녀의 손가락이 쭉 펴졌다. 이후부터 권 부인拳夫人, 곧 '주먹 부인'이란 이름으로 궁중에 들어와 태시 3년에는 예순셋의 황제를 위해 아들을 낳았다. 황자는 14개월이나 모친의 배 속에 있었기 때문일까, 몸집이 매우 크고 또한 영리했으며, 무엇보다도 부친인 무제를 쏙 빼닮았다.

무제는 곰곰이 생각에 잠겼다. "하지만 이 애의 모친은 아직 젊다. 내가 죽으면 어찌 될 것인가?" 여러 차례 망설인 끝에 무제는 한 가지 결심에 이르렀다.

어느 해 황제의 감천 행차에 따라온 권 부인은 사소한 실수로 심한 질책을 받았다. 부인은 비녀 모양의 머리 장식을 뽑고서 엎드려 죄를 빌었지만, 무제는 용서

해주지 않았다. 궁중의 감옥으로 끌려가는 부인은 몇 번이나 황제 쪽을 뒤돌아보면서 필사적으로 애원의 눈길을 보냈지만, 무제는 말했다.

"얼른 가거라, 내 너를 살려두지 않겠노라."

사형을 집행할 때는 바람이 세게 불었다.

며칠이 지나고 나서 무제는 측근에게 물었다.

"경들의 생각은 어떠한가?"

"사랑하는 자식의 어미를 버리시다니, 어찌 된 영문이시옵니까?"

"경들은 모르고 있소. 어린 천자 뒤에 있는 젊은 어미는 반드시 나라를 그르치는 법이오!"

이상은 저소손의 『사기보』에 실려 있는 이야기이다. 『한서』에는 그 정도까지의 이야기는 기록되어 있지 않다. 아무튼 나는 이 이야기를 보고서 무제에 대한 극심한 혐오증이 생기게 되었다. 무제의 행위에 대해서 대체로 공감하는 편이지만, 이 이야기만큼은 도저히 견딜 수가 없었다.

또한 그것은 단지 무제에 대해서만은 아니라고 하겠다. 내가 고대의 생활에 대해 느끼는 애착과 동시에 고대의 생활에 대해 품게 되는 일반적인 경멸감 또는 혐

오감, 그러한 감정의 고갱이에는 항상 이런 이야기가
어둡게 똬리를 틀고 있다.

9.

어 태자 사건이 있고 난 뒤 5년이 지난 기원전 87년,
곧 후원後元 2년이 되는 해 2월 정묘일丁卯日에 무제는
자신의 70년 생애를 마감하였다. 그의 임종 장소는 장
안의 서쪽에 있는 이궁인 오작궁五柞宮이었다.

예정했던 대로 가장 나어린 황자에게 정식으로 황태
자의 지위가 부여된 것은 무제가 붕어하기 하루 전이라
고도 하고 이틀 전이라고도 한다.[9] 임종하는 황제 가까
이 시종하여 그의 유조遺詔를 받은 이는 신하 두 명이었
다. 한 사람은 곽광霍光으로 곽거병의 동생이었다. 다른
한 사람은 김일제金日磾라는 흉노의 왕자로 한나라에
투항해온 인물이었다.[10]

---

9)『한서』권6「무제기武帝紀」에는 "을축일에 황자 불릉을 세워 황태자로 삼았다. 정묘
일에 제가 오작궁에서 붕어하셨다(乙丑, 立皇子弗陵爲皇太子. 丁卯, 帝崩於五柞宮)"라고 '이
틀 전'의 일로 기록되어 있다.

10)무제를 측근에서 보좌하던 봉거도위 곽광은 대사마대장군大司馬大將軍, 부마도위
駙馬都尉 김일제는 거기장군車騎將軍에 각각 임명되면서 어린 황제를 보좌하라는 무
제의 유조를 받게 되었다. 최근에 일부 사학자들이 김일제가 신라 김씨 왕족의 시조
라는 설을 제기하여 화제가 되고 있기도 하다.

무제의 인물 감식안은 그의 인생 최후의 순간에 가장 정확하였다. 우선 뒤를 이을 황제로 선택된 여덟 살의 어린 황자는 차츰 성장하면서, 그의 예상대로 총명한 자질을 드러냈다. 이 인물이 곧 소제昭帝였다.

또한 유조를 받들어 나어린 황제를 보좌하게 된 곽광과 김일제 두 사람 모두 완벽하게 황제의 기대에 부응하였다. 곽광은 형 곽거병보다는 외숙부인 위청을 닮아 독실하고 중후한 인품의 소유자이면서도 결단력 또한 뛰어난 편이었다. 또한 외국인인 김일제 역시 흉노 출신의 미개인답게 강렬한 성실함의 화신이었다. 두 사람은 각자의 성실한 재간으로, 한마음이 되어 함께 협력하면서 거의 완벽할 정도로 나어린 황제를 보좌하였다. 따지고 보면 곽광은 젊은 날의 무제가 가장 열정을 기울여 사랑했던 여인 위자부의 조카였으며, 김일제는 젊은 날의 무제가 가장 열정을 기울여 대항했던 흉노의 왕족 출신이었다. 그런 두 사람이 이윽고 무제의 넋을 가장 충실히 안심시키는 인물이 되었다는 사실은, 인간의 삶에 있어 열정의 의미와 그러한 열정을 연소시킴에 따라 생겨나는 선의善意의 효용이 어떤가를 어느 정도까지는 증언해준다고 할 수 있겠다.

다만 나어린 총명한 황제가 불행하게도 약관 스무 살로 요절한 뒤, 역시 곽광의 과단성 있는 주선으로 민간에서 찾아내어 제위를 계승시켰던 선제宣帝가, 다름 아닌 저 불행한 황태자 여 태자의 유복손遺腹孫[11]이었다는 사실은 한결같이 얄궂은 운명의 장난이라고만 해야 할 것인가?

---

[11] 한나라 황실 가계표에 의하면 한 왕조의 황위는 제7대 무제, 제8대 소제, 제9대 폐제廢帝, 제10대 선제로 이어지고 있다. 소제가 젊은 나이로 죽은 뒤에 무제의 다섯째 아들 창읍애왕 유박劉髆의 자식인 창읍왕 유하劉賀가 뒤이어 황제에 즉위했으나 황음무도한 행위로 27일 만에 폐위당하고 말았다. 이어서 황제에 즉위한 선제는 무제의 증손자에 해당하는데, 여 태자가 아들 사황손史皇孫 유진劉進을, 유진이 다시 나중에 황제가 되는 황증손皇曾孫 유병이劉病已를 낳았다. 이른바 '제2차 무고'가 일어났을 당시에 여 태자와 유진은 모두 죽임을 당하였고 황증손 유병이는 민간에서 지내다가, 이윽고 곽광 등에 의해 옹립되어서 마침내 여 태자의 '유복손'으로 10대 황제에 등극하게 되었다. 참고로 창읍왕 유하는 폐위된 이후 해혼후海昏侯로 개봉改封되었는데, 2016년 그의 무덤으로 추정되는 해혼후묘海昏侯墓가 발굴되어 커다란 화제를 불러 일으켰다. 특히 묘에서 출토된 문헌 유물 가운데 『논어』의 「지도知道」편이 나왔는데, 이는 오랫동안 실전된 것으로 알려져 있던 '제齊 논어'의 일부분일 가능성이 제기되어 향후 고전학 연구의 커다란 과제를 던져 주고 있다.

한나라 궁정에서 쓰였던 기와의 탁본. 새겨진 글자는 '한병천하漢倂天下(한나라가 천하를 하나로 합쳤다)'

8장
맺음말

1.

이 책의 서두에서도 설명했듯이 무제 시대는 중국 역사에 있어서 최초의 대전환기였다.

우선, 동중서 · 공손홍을 유력한 조언자로 기용해 이루어졌던 유학의 정립은 중국 사상사에서 최대의 획기적 사건이었다. 이후 중국인들은 유가의 '오경' 또는 '육예'를 실천의 규범으로 확정했으며, 그에 따라 경서 해석의 학문인 경학經學 또한 그 후로 중국 학술의 중심으로 떠오르면서 극히 최근 30년 전에 있었던 민국혁명民國革命[1]에 이르기까지 그 지위를 유지하였다.

또한 사마상여 등에 의한 미문의 출현이 그 당시까지 불완전했던 문학 생활을 확립하게 하면서 중국 문학사의 정식 개막을 알렸다는 점은, 역시 이 시기에 쓰인 사마천의 『사기』가 중국 사학의 공식적 개막이었던 경우와 마찬가지라 하겠다. 그리하여 문학은 사마상여 이후에도 여러 종류의 새로운 장르가 속속 생겨났지만, 역사학에서는 사마천이 창시한 '기전체紀傳體'라는 서술

---

[1] 이 책의 초판이 1949년에 출간되었다는 점을 감안하면, 여기서 지은이가 말하는 '민국혁명'은 1911년의 신해혁명辛亥革命, 1913년 7월의 제2차 혁명(계축전쟁癸丑戰爭), 1915년 12월에 일어난 제3차 혁명(호국전쟁護國戰爭) 및 1919년에 있었던 5 · 4운동까지를 모두 포함해 일컫는 용어로 이해된다.

형식이 이후 2천 년에 걸쳐 대대로 계승되면서 각 왕조마다 서술한 사서史書의 집적이 '삼사三史'니 '십칠사十七史'니 '이십사사二十四史' 같은 숫자로 쌓여 올라갔다.

이처럼 경학과 문학과 사학은 모두 다 같이 무제 시대에서 시작하여 최근의 민국혁명에 이르기까지, 중국 정신문화의 3대 지주가 되었다. 그 후 2천 년에 걸친 이 나라의 정신문화의 방향은 여기서 죄다 규정되었다고 보아도 좋을 것이다.

또한 이렇듯 정신문화의 방향이 확정되고 인간적 교양의 내용이 하나로 정해지는 것과 안팎으로 호응하면서 이런 교양을 소유한 인간만이 '사士'·'사대부士大夫'·'독서인'과 같은 이름으로 정치·문화 그리고 도의에 대해서 책임과 발언권을 가지게 되었다. 따라서 그들 이외의 사람들은 '서庶'라는 이름 아래 '사士'의 지휘에 복종해야 하는 식의 선량選良, 곧 일종의 엘리트 제도 역시 무제 시대를 기점으로 하여 새로이 확정되어갔다. 이것 또한 최근에 이르기까지 중국 정치와 사회를 전체적으로 규정짓는 준거 틀이었다. 이런 의미에서 볼 때, 무제 시대는 중국의 정치사·사회사에 있어 커다란 전환기였다고 할 수 있다.

한편으로 이후의 중국인의 삶에서 반드시 지속되었던 경향은 아니지만, 중국인이 현실적으로 서방 세계와 접촉했던 것 또한 무제 시대에서 시작되었다.

또한 조금 자질구레한 사례를 들자면 태초 원년에 시행되었던 역법曆法의 개정은, 이 책에서는 상세하게 다룰 여유가 없었지만, 이후 중국 책력冊曆의 기본이 되었을 뿐만 아니라, 일본 메이지유신 이전의 역법인 구태음력舊太陰曆의 기초가 되었다.

한편 무제 이전의 중국 문헌은, 예를 들면 『논어』가 가장 좋은 사례인 것처럼 원칙적으로 작자나 편자의 이름을 밝히기 어려웠던 데 반하여, 사마천의 『사기』나 사마상여의 사부辭賦와 같이 분명하게 저자의 이름을 밝히는 문헌의 출현이 무제 시대에 시작되었다는 사실도 중국에서 '(개인으로서의) 자아' 발견의 역사와 무관하지 않은 것이다.

시대 구분의 양상은 서양의 경우와 반드시 일치하지는 않지만, 중국 역사에서도 세 시기로 구분 가능하다고 보아서, 무제 이전을 중국의 '고대', 무제 이후 후한과 육조六朝 시대를 거쳐 당송唐宋이 교체되는 시기까지, 다시 말해서 기원전 1세기부터 10세기 무렵까지를 중국의 '중세', 송나라 이후 민국혁명에 이르기까지의 시기를 중국의 '근세近世'로 보려는 이른바 '삼구분설三區分說'은, 나이토 도라지로內藤虎次郎[2] 박사와 그 밖에 요즘 역사학자들이 주장하는 학설이다. 나 역시 그러한 견해에 입각하는 편이 편리하다고 생각하는데, 이러한 견해를 옳다고 해야 마땅하다.

2.

무제 시대가 이렇듯 커다란 역사적 전환기가 될 수 있었던 점에 관해서는, 그런 정도의 대전환을 일으킬 만한 토대가 이미 그 이전까지의 시대에 갖추어졌는가 하는 사실을 먼저 고려해야만 한다.

우선 첫째로 꼽아야 할 점은, 무제는 자신이 통치할 국가를 조부인 문제에게서 지극히 안정되고 충실한 형

---

2)1866~1934. 일본의 동양사학자. 나이토 고난內藤湖南이라고도 한다. 동양학에 있어 이른바 교토학파 창시자의 한 사람으로 독특한 문화사관에 입각하여 중국사의 시대 구분론을 주장했다. 이른바 '당송변혁론唐宋變革論'이라 불리는 그의 시각은 당나라 이전과 송나라 이후는 시대의 양상이 크게 다르다고 하면서, 이 시기를 중국사의 분수령으로 파악하였다. 그에 따라 송나라 이후의 시기를 '근세'로 규정하였는데, 이러한 입장은 이후 커다란 파급력을 가지면서 교토학파의 대표적 학설로 발전하였고, 송나라 이후를 여전히 '중세'로 규정하려는 '역사학연구회' 계열의 일명 '역연파歷研派'와 시대 구분을 둘러싼 대논쟁을 벌이는 계기가 되었다.

태로 물려받았다는 사실이다. 무제가 열여섯의 나이에 제위에 등극했던 기원전 141년은, 무제의 증조부 고조가 한나라를 창업한 지 66년째 되던 해였으며, 이 60여 년 동안 한나라의 국운은 상승일로를 걸었다. 따라서 무제가 즉위했을 당시의 국가는 가정 안정된 상태에 있었고 국가 재정은 날로 충실해지고 있었다.

정치적 안정의 기반이 되었던 바탕은 무엇보다도 전 시대의 유제遺制인 '봉건封建'제도를 청산했다는 데에 있었다. 한어漢語 본래의 의미에서 말하는 '봉건'이란 각 지방에 유력한 제후를 분봉하는 지방분권 제도인데, 그러한 낡은 제도의 잔재가 무제가 즉위하기 직전 거의 청산되어 '군현郡縣', 다시 말해 천자가 직접 파견하는 지방관에 의해 제국 전역을 통치하는 중앙집권 제도로써 대부분 교체를 끝마쳤다는 사실이다. 말하자면 중국 전 영토가 황제 한 사람의 통치에 복종해야만 하는 체제로, 무제 즉위 초에 이미 완전하게 정돈이 되어 있었던 셈이다.

현재 우리가 확실한 자료를 근거로 알 수 있는 중국 역사의 출발은 기원전 9세기 주周 왕조 중엽부터이지만, 그 무렵의 중국은 '봉건'시대였다. 각 지방의 크고

작은 제후는 주 왕실에 복종하여 따르면서도 자신의 영내에서는 독재자로 군림하였다. 그런데 이러한 체제는 마침내 약육강식의 논리만 통할 뿐 통제가 되지 않는 시대를 초래하여, 강대한 일곱 명의 제후가 밤낮없이 싸움만을 일삼는 '전국戰國'시대를 불러왔다. 300년간에 걸친 분란이 종식된 후에 가장 강대한 제후국인 진秦나라 시황이 여타 나라들을 모조리 병탄한 것은 기원전 221년의 일이었다. 그와 동시에 진시황이 '봉건'이라는 구체제를 완전히 타파하여 중국 전역에 '군현'제도를 실시함으로써 강력한 중앙집권 정치를 시행했던 일은 중국 정치사에 있어 최초의 대전환이었다.

진시황의 대제국은 아직 조금은 시기상조였던 탓일까, 아니면 정치적 수완이 미숙했던 탓이었을까, 진시황의 죽음과 함께 10년 남짓 만에 붕괴하고 말았다. 진제국이 멸망한 뒤 내전을 재수습하고 등장한 것이 무제 중조부 한 고조가 세운 제국이었다. 고조의 한 제국은 진 제국이 한때 이룩했던 정도의 강력한 통일을 유지하려 했다는 점에서는 진 제국의 계승자였다. 따라서 정치체제는 대체로 진 제국의 그것을 답습하였지만, 진제국의 실패를 거울삼아 제도를 수정할 필요성을 절감

하였다. 우선, 법률 일변도를 고집하는 엄격한 통제를 포기하고서 관대한 정치를 시행하였다. 아울러 지방 제도는 제국 일부만을 천자 직할의 '군郡'으로 두고, 그 나머지 지역은 봉건제도를 부활시켜 황족이나 공신을 '(제후)국國'으로 봉하였다. '군'과 '국'의 병존, 이것은 명백히 하나의 편의주의적 발상에서 비롯된 모순이었다. 이 같은 모순이 기어코 국가적 위기를 초래하고야 말 것이라고 예견한 인물이 있었다. 무제 조부 문제 시대의 정론가라 할 가의는 이 문제가 "일이 되어가는 형세를 살펴건대, 가히 통곡할 만한 일의 첫째"라고 지적하였다.

위기가 마침내 현실로 나타난 것은 무제 부친 경제 시대로, 이른바 '오초칠국의 난'으로 불리는 남방 여러 제후왕의 반란이 바로 그것이다. 하지만 이 반란은 의외라 할 정도로 손쉽게 평정되고 말았다. 그 이후로 '제후왕'의 세력은 급속히 약화되었고, 중앙집권의 방향은 확정적인 대세로 굳어졌다. 이른바 '한 명의 왕(일왕 一王)'에 의한 천하의 통치가 세상 사람들의 공통된 희망이었다고 보아야 할 것이다.

그렇지만 '제후왕'의 세력이 완전히 자취를 감추었던 것은 아니었다. 무제 시대에도 황족 출신의 제후 또는 비非 황족 출신의 제후가 곳곳에 있었음은 이 책 여기저기에서 종종 인용하였던 대로다. 하지만 그 세력은 현저하게 약화되었다. 앞의 2장 6절에서 사례로 들었던 무제 당숙 회남왕 같은 경우는 그중에서도 가장 강대한 제후였는데, 이 회남왕 또한 황제의 애희愛姬 위자부가 낳은 아들이 정식 황태자로 책립되었던 바로 그해에 모반죄로 멸문지화를 당한다는 사실은 자못 흥미롭다고 하겠다. 또한 무제는 '추은령推恩令'이라고 하여 대제후가 죽으면 그 자식들에게 부왕의 영지를 균분 상속하도록 하였다.[3] 그와 같은 사정으로 말미암아 '후국侯國'의 세력은 내리막길을 걸을 수밖에 없었고, 이후 한나라 시대뿐만이 아니라 최근의 민국 시대에 이르기까지, 과거와 같은 '봉건' 제도가 중국에서 부활하는 일은 절대로 일어나지 않았다.

그런 점에서도 무제 시대는 획기적인 시대라고 불릴 만한 자격이 있는데, 그러한 형세가 무제 즉위 이전에 이미 대체로 판가름 나 있었다는 사실은 무제가 여타의 대전환을 행할 수 있는 시대적 기반이 사전에 마련되어

---

[3] 이 제도는 제후의 세력을 억누르려는 대책으로, 적상사 이외의 자녀들에게도 영지를 균분 상속케 하는 일종의 봉국 분할상속법이었다.

있었음을 말해주고 있다.

3.

그것뿐만이 아니었다. 무제가 선대로부터 물려받은 물질적 부 또한 막대하였다.

즉 무제의 조부 문제와 부친 경제는 '봉건'에서 '군현' 제도로의 이행이라는 역사적 필연을 묵묵히 지도하면서, 천하를 안착시켜야 할 방향으로 안정감 있게 이끌고 갔던, 차분하고도 영명한 성격의 소유자였다. 이른바 "겉으로 내색을 하지 않고 침묵하며 몸소 실천을 통해 풍속을 변화시켰다"[4]는 천자였으며, 그런 천자답게 문제의 사생활은 지극히 소박하고 검소하였다. 문제는 항상 무늬 없는 검은색 비단옷을 입고 있었다. 가장 사랑하던 총희 신 부인慎夫人의 옷 역시도 치맛자락이 땅바닥에까지 닿는 일은 없었다. 노대露臺를 지으려다 거기에 소요되는 비용이 일반 백성의 집 열 채 값에 맞먹는다는 이야기를 듣고서는 곧바로 그 계획을 중지시켰다. 어느 것 할 것 없이 유명한 일화들이다. 그 결과로

---

4)『한서』권48「가의전」"孝文帝玄默躬行以移風俗."

무제가 즉위한 첫해에 국고의 튼실함은 이미 정점에 도달해 있었다. 그런 현실을 『한서』의 저자 반고는 이렇게 묘사하고 있다.

"무제 즉위 초에 이르기까지 70년 동안 국가에는 별다른 일이 없었고, 수해나 가뭄을 당하지 않아 백성들은 집마다 넉넉했고, 도읍과 시골의 곳간도 죄다 가득 찼으며, 부고府庫에는 재물이 남아돌았다. 도읍의 돈은 몇백만이 쌓였으며 돈꿰미의 끈이 썩어 돈을 셀 수가 없었다. 태창(太倉, 국가의 대형 창고)의 곡식은 해마다 계속 쌓여서 창고가 가득 차면 바깥 한데에 노적하여 결국 썩어서 먹을 수가 없었다."[5]

정부가 비축해둔 동화銅貨와 곡식이 모두 썩어서 내버릴 정도였다는 것이다.

---

5) 『한서』 권24 「식화지食貨志 상」 "至武帝之初七十年間, 國家亡事, 非遇水旱, 則民人給家足, 都鄙廩庾盡滿, 而府庫餘財. 京師之錢累百巨萬, 貫朽而不可校. 太倉之粟陳陳相因, 充溢露積於外, 腐敗不可食."

4.

이처럼 무제는 단지 가까운 과거의 행운만을 계승한 것은 아니었다. 머나먼 과거까지도 시야에 넣어 돌이켜 볼 때 그러한 행운이 한층 더 증대될 수 있는 지위를 누리고 있었다. 중국 역사는 이미 하나의 성숙을 기대할 수 있을 만큼의 퇴적을 거듭해왔기 때문이다.

현재 우리가 확실한 자료를 근거로 알 수 있는 중국 역사의 출발은, 앞서 언급한 대로 주周 왕조 중엽부터이다. 그런데 이 주 왕조의 창업은 기원전 1100년경이라 하며, 그에 앞서 은殷이라는 왕조가 존재했다는 사실도 근년의 고고학적 발굴을 통해 차츰 확인되고 있다. 그로부터 계산해보아도 무제 시대는 이미 천 수백 년을 경과했으며, 무제 시대에는 중국 역사에 대한 인식이 훨씬 이전의 고대로까지 소급·연장되었다. 바꾸어 말하면 은 왕조 앞에는 다시 하夏라는 왕조가 있으며, 하나라 앞에는 황제黃帝에서 시작해서 요堯·순舜으로 끝나는 '오제五帝' 시대가 있었다는 전설이 이미 확고부동하게 정착하였다. 합리주의적인 역사가 사마천이 기술하는 내용이 이미 그런 식이었다. 그래서 최초의 군주인 황제로부터 한나라 시대까지는 6천여 년의 세월이 경과했다는 설, 혹은 황제 시대로부터 무제 아들 소제의 원봉元鳳 3년까지는 3629세歲라는 식으로 정확한 숫자까지 제시하는 설 따위도 무제 시대에는 이미 유행하고 있었다. 어찌 되었든, 인류의 생활이 충분한 퇴적을 거듭하여 마땅히 하나의 성숙기에 도달하리라고 생각할 만한 숫자이다. 게다가 그것은 속이 텅 빈 숫자가 아니었다. 수많은 사실史實과 전설로 충만한 시간이었으며, 동시에 아득히 먼 태고의 시초에는 인류의 이상사회가 때로는 황제의 시대로, 또는 요순시대나 주周 왕조 초창기의 일로서 찬란하게 빛을 발한다는 식으로 전설이 구성되어갔다. 인류가 마땅히 되찾아야 할 빛나고 아름다운 삶, 그것도 분명하게 제시되어 있었다. 인류는 이제 다시금 그 시대로 마땅히 복귀해야 하는 것이라고 보았던 셈이다.

게다가 더욱더 그런 감정을 북돋웠던 정황은, 한나라가 부강한 국력에 비해 문화적인 색채가 어울리지 않을 정도로 빈약하다는 사실에서 비롯되었다. 정치의 방법이나 제도 또한 너무나도 현실적이고 편의주의적이어서, 그 어떤 이론적 배경조차 간취看取할 수가 없었다. 또한 천자는 천하의 중심으로 그 지위가 높아져 갔음에도 불구하고, 그 생활은 (황제라는 신분에 걸맞지 않게) 너무나도 장식이 결여되었고 소박하였다.

무제 조부 문제 시대에 가의는 이미 그러한 불만을 솔직하게 진언하고 있다. 그러한 불만은 한나라 사회가 차츰 안정·정착됨에 따라 더욱더 커져갔음은 말할 나위도 없다.

그러한 사회적 분위기 속에서 무제는 황제의 자리에 올랐다.

5.

이렇듯 그때까지의 시대가 그러한 사회적 기운을 잉태해왔더라도, 그것은 어디까지나 무제 시대가 하나의 역사적 대전환기가 될 수 있다는 가능성을 잉태해온 것에 지나지 않는다. 그러한 가능성이 마침내 현실로 탈바꿈한 것은 어디까지나 무제의 적극적인 성격 덕분이었으며, 무제를 둘러싼 시대 전체가 활기로 흘러넘치는 건강한 시대였다는 점에서 기인하는 걸로 보아야만 하겠다. 요컨대 그것은 중국인이 지닌 가능성이 온갖 방향을 향해 마음껏 뻗어나갈 수 있는 시대였다. 그러한 시대적 분위기의 중심이자 원천이 되었던 것이 황제의 강인한 성격이었다. 황제의 성격과 시대의 성격이 서로 긴밀하게 잘 대응했다는 점이야말로, 이 시대가 보여준 활력의 진정한 원천이었다. 황제 말년에 이르러 약간 출현했던 이완 상태 역시 황제와 시대의 성격을 근본적으로 바꾸지는 못하였다. 그로 인해 또한 양자 사이에 메우기 어려운 간극을 만들었던 것도 아니었다. 요컨대 무제는 시종일관 시대 전체를 대표하며 자기 시대의 욕망을 구현·수행하는 대표 주자였다.

그러므로 시대의 대표 주자인 무제는 지나치리만큼 제멋대로고, 사치스러운데다 어디로 튈지 알 수 없는 성격이었지만, 그의 행위 대부분은 시대가 용인하고 동시에 환영·지지하는 바였다고 간주할 수 있다. 또한 무제가 대규모 외국 출정을 감행하고, 거대한 축조 사업을 벌이고, 터무니없는 제사를 지내면 지낼수록, 그 것은 인류 문화의 성대함을 보여주는 실질적 증거로서 황제의 인기를 더욱더 치솟게 해주었던 것으로 여겨진다. 무제의 행위 가운데 어떤 것은 오늘날의 관점에서 보자면 너무나도 터무니없다고 하겠다. 하지만 거대한 개혁이 이뤄지기 위해서는 뭔가 눈이 휘둥그레질 정도로 격렬하게 요동치는 시대적 분위기가 있어야만 하는 것이다. 그런 분위기를 만들어내기 위해서 무제의 성격은 그야말로 딱 안성맞춤이었던 셈이다. 그리고 그런 성격을 마음껏 발휘하기 위해서는 때로는 어리석은 짓도 필요한 법이었다. 2천 년 전의 인간은 오늘날의 인간만큼 현명하지는 않았기 때문이다.

6.

그런데 이렇듯 무제 개인에게서나 시대 전체를 통해서 공통으로 인식되는 성향과 그 배후를 관통하는 하나의 유력한 정신이 어떤 것인지에 관해서는 이 책에서 상세히 언급할 여유가 없었다. 여기서 그것을 말하자면 전한 시대 사회에 넘쳐흐르던 '유협遊俠'[6]의 정신이라고 할 수 있겠다.

무제 시대 장안의 시가지, 그곳은 실로 협객들의 공간이었다. 앞의 7장에서 이름을 들어 말했던 주안세 뿐만이 아니었다. 저잣거리마다 일정한 세력 범위를 나누어 가진 두목들이 있었다. 도박·싸움·암거래 등과 같

---

6)성품이 씩씩하고 의협심이 강한 사람을 일컫는다.

은 본업 이외에 투계 · 경마 · 수렵 등은 노름꾼들의 취미였고, 그것은 또한 모든 시정市井 사람들의 취미이기도 했다. 무제 역시 이런 데 취미가 있었다.

'유儒'와 '협俠', 이 두 가지는 서로 대립하는 개념이라고 할 수 있다. 모든 일을 이성에 비추어보고서 그 가치를 판단하려는 이가 '유'라면, 행위를 통해 표출되는 감정의 밀도라는 잣대로써 행위 가치를 판단하는 이가 '협'이다. 양자는 이렇듯 서로 용납될 수 없는 관계였다. 그런데 무제는 의식적으로 '유'를 자각하는 신도였다. 하지만 그의 뼛속 깊이 자리 잡은 것은 '협'의 기풍이었던 듯하다. 거창한 외국 출정, 대규모 건조물 축조, 제사의 바탕색을 이루는 것은 유협의 바탕색과 크게 다르지 않은 듯하다. 무제의 자유로운 인재의 발탁 · 등용만을 놓고 보더라도 역시 '협'의 기미가 있음을 엿볼 수 있다.

그런데 중국 사회에서 유협의 기풍은 무제 시대 이후에는 점차 쇠퇴해간다. 적어도 역사의 표면상으로는 희미해져 갔다. 『수호전』에 등장하는 양산박梁山泊의 호걸들같이, 그들도 나름대로 부단히 자신들의 존재를 주장했지만 결국 남의 눈에 띄지 않는 그늘 속의 존재가 되어갔다. 말하자면 무제가 자각적으로 추진했던 '유', 그것은 이후 중국 사회 중심 원리로 부각된 반면, 무제의 행동에서 자각되지 않는 원천이었던 '협'은 역사의 이면으로 후퇴해버리고 말았다.

어찌 보면 '협'은 신들에 대한 숭배 행위와 함께 고대적인 행위였으며, 무제 시대를 마지막으로 해서 자취를 감출 수밖에 없었던 것으로 보인다.

요컨대 무제 시대는 그 시기까지 역사가 길러내고 축적해왔던 온갖 것들을 한꺼번에 부풀리고 확대시켜서 보여준 시대였다고 하겠다. 그러한 확대의 결과로 분명하게 장단점이 드러났다. 또 그러한 과정을 통해 계승할 만한 것은 계승하고, 그렇지 못한 것은 도태시키도록, 암묵적인 선택과 결정을 단행했던 시대였다고 여겨진다.

7.

그렇더라도 무제가 전제군주로서 소유했던 권력, 비할 데 없이 초월적이면서 서양 역사에 친숙한 이들의 머리로는 도무지 이해할 수 없는 그의 권력은 도대체 무엇을 근거로 해서 성립할 수 있었는가 하는 의문이,

이 책을 읽을 독자들을 대표해 원고를 사전에 검토해주었던 어느 경제학자가 내게 던진 질문이었다.

이러한 의문에 다음과 같이 답변하고자 한다. 그것은 한 사람의 강력한 천자가 전 인류를 통치하는 것이야말로 인류의 질서를 유지하는 방법이라는 신념이, 무제의 시대에는 최고조에 도달해 있었으며, 무제 또한 그런 시대적 요청에 훌륭히 부응했다는 사실이다. 무제의 권력, 아니 권력이라기보다는 오히려 (무제의) 권위는 바로 그러한 신념을 근거로 해서 성립·유지되었던 것이라고 생각할 수 있다.

천하는 '한 명의 왕(一王)'이 통치해야 마땅하다는 신념은 중국 사회에 반드시 고유한 것은 아니었다고 하겠다. 유가의 전설은 이 같은 신념이 아주 이른 시기에 생겨났고, 또한 이러한 신념에 근거한 강력한 통일국가가 태고 시대에도 존재했다는 사실을 황제나 요순의 전설로 설명하지만, 엄밀히 말해 그것은 역사적 사실이 아니다. 현재 그 존재를 확인할 수 있는 최초의 왕조인 은 왕조가 다음에 오는 주 왕조로 대체되었던 것이 기원전 1100년경이므로, 은나라와 주나라 모두 아직은 완전히 그와 같은 형태의 왕조는 아니었다. 주 왕조가 천하의

'공주共主'[7]였다는 사실은 머지않아 강대한 통일국가가 출현하는 과정의 일환이라고 하겠지만, 그러한 '공주'를 떠받드는 각 지역에는 저마다 영주가 있어서, 상당한 자유와 다양성을 유지할 수 있었던 것으로 보인다. 요컨대 각 지역은 아직은 긴밀한 공동체적 정서로 맺어진 상태로까지 발전하지는 않았던 셈이다.

하지만 유럽 전체에 맞먹는 면적을 가졌으면서도, 유럽을 고래로 몇 개의 문화권으로 나누어놓았던 것과 같은 자연조건을 지니지는 못했던 이 지역에서 문화의 평준화가 이루어지기까지 그렇게 오랜 세월이 필요하지는 않았다. 느슨하게 서로 연계되어 있던 각 지역이 고도의 통일을 지향하려는 기운, 그리고 그것은 중국 바깥의 여타 지역의 정세에 대해서 알지 못하던 당시 중국인 입장에서 보면 곧 세계국가 건설을 지향하려는 기운이었다. 그와 같은 기운은 무제 시대보다 400년 앞섰던 주 왕조 중엽에 등장한 공자 시대에 이미 농후하게 무르익고 있었다. 고대의 세계국가에 관한 전설이 그 무렵에 요순 설화로서 나타나기 시작했던 것은 바로 그같은 시대적 기운을 반영한 것이었으며, 유가 이외의

7)공동으로 떠받드는 맹주로서 천자나 제왕을 가리킨다.

여타 학파들 역시 '천하'의 통일을 희망한다는 점에서는 예외 없이 공통된 입장이었다. 단지 유가가 인간의 선의를 중시했던 데 반하여 노자를 비롯한 도가는 자연의 선의를 중시했으며, 한비자를 비롯한 법가는 법률의 권위를 중시한다는 식으로 각 학파가 주장하는 통일 원리가 서로 달랐을 따름이다. 공자가 죽은 지 200년이 흐르고 난 뒤에 공자 사상의 조술자祖述者로 자임했던 맹자孟子는 그러한 상황을 적절하게 다음과 같이 표현하고 있다.

　맹자 : 천하는 하나로 정해질 것입니다.
　양혜왕 : 누가 능히 천하를 하나로 정할 수 있단 말이오?
　맹자 : 살인을 즐겨 하지 않는 이가 있다면, 천하를 능히 하나로 통일할 수 있을 것입니다.[8]

　맹자 시대 당시의 실제 정치 상황이 전국칠웅戰國七雄이 서로 격렬하게 대립하는 상태에 있었던 것은, 일견 이런 시대적 기운과는 배치되는 것처럼 보인다. 그러나

---

8) 『맹자』 「양혜왕梁惠王 상」편. "吾對日定于一. 孰能一之. 對日不嗜殺人者能一之."

그것도 일곱 개 이상으로 난립했던 수많은 나라가 일단 일곱 개의 강국으로 정리되어 서로 싸우게 되었던 것이라고 본다면, '7'이라는 숫자가 결국 완전한 '1', 곧 통일 국가로 수렴되는 과정이라고 볼 수 있다.

대망의 '1', 그것을 일단 하나의 형태로 실현한 나라는 진나라 시황의 제국이었다. 무제가 태어나기 100년 전, 중국 전토는 황제가 중앙에서 파견한 관리의 손을 거쳐 통치되고, 동일한 법률의 적용을 받는 시절을 한 차례 경험하였다.

하지만 진 제국이 단시일 내에 멸망하고 만 것은, 황제가 자신의 '권력'을 백성들에게 행사하는 데에만 급급하였지 정작 백성들에게서 존경받을 정도의 '권위'는 가지고 있지 못했기 때문이었다. 권위를 수반하지 않는 권력은 중국에서도 무력한 것이었다.

그런데 진 제국의 상속자로 등장한 한나라 고조의 제국은 하나의 권위를 갖추고 있었다. 진 제국이 붕괴한 뒤에 발발한 내전을 평정하고서 다시금 세상에 평화를 가져다주었다는 사실은 백성의 존경을 받기에 충분했으며, 황제 한 사람에 의한 통치가 세계 질서를 유지하기 위해서는 필수불가결하다는 신념을 더욱 강화시켰다. 고조가 진 제국의 실패를 거울삼아 가능한 한 관대한 정치를 펼쳤던 사실, 3대 문제와 4대 경제가 모두 어진 정치를 베풀었던 사실은, 결국 그 같은 일반의 신념을 한층 공고히 만들어주었으며, 황제의 권위를 제고시키는 데에도 유효하게 작용하였다.

그런데 무제는 그러한 권위를 부조父祖로부터 계승하고서, 그 위에 다시 한 가지 권위를 더 보탰다. 황제는 인간 문화의 주재자이며 대표자일 수 있다는 사실을 실제 행동으로써 보여주었기 때문이다. 이러한 유형의 황제야말로 중국인들이 오래도록 갈망하던 바였다. 무제는 그런 여망에 부응하였던 것이다.

무제의 권력은 그런 권위를 기반으로 하였다. 비단 무제만이 아니었다. 무제 이후의 중국의 황제는 실제로는 종종 그와 배치되면서도, 그러한 권위의 담지자가 되지 않으면 안 되었다. 요컨대 인간 질서의 담지자인 동시에 문화의 주재자여야 했다. 그러한 전통은 1911년에 신해혁명으로 청 왕조가 멸망하기까지 면면히 지속되었다.

이러한 형태의 황제 권위, 바로 그것이 무제 시대에 완성되었던 것이라면, 그런 의미에서도 무제 시대는 중국 역사상 획기적인 시대였다고 하겠다.

8.

　이처럼 다양한 의미에서 시대의 여망에 부응했던 무제의 행위가 당시 사람들의 지지를 받았다고 여겨지는 까닭은 앞서 설명한 대로이다. 하지만 적극적인 정책이 추진되다 보면 그 이면에서 으레 야기되는 폐단에 대해서도 애당초 비난의 목소리가 없던 것은 아니었다. 무제 말년에 사방에서 일어나기 시작했던 도적들[9]은 백성들의 직접적인 항의였으며, 앞서 여러 번 언급한 급암이나 그 밖의 직간直諫하는 신하들은 백성의 목소리를 대변한 인물들이라고 보아도 무방하다. 더욱이 사마천의『사기』는 한편으로 무제의 정치에 대한 불만을 여러 가지 형태로 토로한 책이라고 일컬어진다. 하지만 사마천의 언어는 지극히 미묘하다. 그의 필치 깊숙이 감추어져 있는 심정을 지금 내가 당장에 헤아리기란 불가능한 일이다.

　하지만 무제 다다음 대의 황제인 선제 시대에는 벌써

---

9)6장 주석 1) 참조.

무제에 대한 불만을 지극히 노골적으로 털어놓는 인물이 나타나고 있다.

선제라는 천자는 앞서 말한 대로 무제의 불행한 황태자 여태자의 유복손遺腹孫으로, 민간에서 찾아내어 황위를 계승케 했던, 말하자면 무제의 증손자였다. 이 증손자는 즉위하자마자 곧바로 증조부 무제의 공적을 현창할 요량으로 신하들에게 한 가지 자문을 구하였다.

"증조부이신 효무孝武 황제께서는 특별한 공적을 이루신 천자이시다. 그분의 영묘靈廟에 대해서는 초대 천자 고조와 3대 천자 문제와 마찬가지로 마땅히 특별한 존호尊號를 바치고, 또한 특별한 묘악廟樂[10]을 만들어 그분의 영령께 제사 지내야 한다고 생각한다."[11]

신하들은 모두 마땅히 그리해야 한다고 대답했지만, 오직 한 사람 『서경』 학자 하후승夏侯勝만은 이에 완강히 반대하였다.

"무제께서 확실히 사방의 오랑캐를 쳐서 복종케 하고 영토를 넓히신 공로는 있습니다. 그러나 수많은 병사가 전쟁터에서 죽었으며 백성들의 재력은 고갈되어 그 궁

---

10)사묘祠廟에서 제사 지낼 때 연주하는 무악舞樂을 가리킨다.
11)결과적으로 무제의 묘호廟號는 '효무묘孝武廟'에서 '세종묘世宗廟'로 높이고, 「성덕盛德」 「문시文始」 「오행五行」의 묘악을 제정하였다.

핍함은 극에 달했습니다. 한도 끝도 없는 사치로 인해 세상은 피폐해졌고, 농민은 이리저리 떠돌아다니다가 절반 이상이 죽었습니다. 게다가 황충蝗蟲까지 크게 발생해 수확이 없게 된 토지가 사방 수천 리이며, 그 피폐함은 아직도 회복을 못 하는 형편입니다. 백성에게 은덕을 베푼 분이라고 말할 수는 없습니다. 특별한 제사란 당치도 않다고 생각합니다."

대신들은 필사적으로 하후승을 회유했다.

"이는 천자께서 조서를 내려 명하신 일입니다."

"천자께서 내리신 그 조서가 옳지 않다는 것입니다. 옳은 일이라면 끝까지 주장하는 것이 신하된 자의 임무입니다."

하후승의 항의는 결국 받아들여지지 않았을 뿐만 아니라, 경골한硬骨漢이라 할 이 학자는 2년 동안 감옥에 갇히고 말았다. 하지만 이렇듯 신랄한 비판은 무제가 죽은 지 채 13년이 안 되어서 터져 나왔다.

그리고 다시 무제가 죽은 지 150년이 흘러, 후한 장제章帝 때의 일로 다음과 같은 이야기가 『후한서後漢書』 「유림전」에 실려 있다.

태학생太學生[12] 두 명이 태학의 숙사에서 이야기를 주고받고 있었다.

"나는 지금 춘추시대 오왕吳王 부차夫差의 전기를 읽고 있어. 이 임금은 처음에는 의기가 좋았다가 끝에 가서는 영 형편이 없더군. 이를테면 용을 그리려다가 개를 그리고 만 꼴이라고나 할까."

"그래 맞아. 효무 황제도 그렇다고. 열여덟에 천자가 되자 성인의 도를 존숭하면서 5~6년 동안은 뛰어난 정치를 펼쳤는데, 그 뒤로는 정치를 제멋대로 하다가 애초에 행했던 좋은 일들을 까맣게 잊어버렸잖아."

"아니, 역사책을 보면 어느 시대 군주에게나 흔히 있는 일이야."

옆방에서 이들의 대화를 듣고 있던 다른 태학생이 물었다.

"그럼 효무 황제 또한 개라는 얘기지?"

두 사람은 묵묵부답 입을 닫았다.

이튿날 옆방 태학생은 관가에 두 사람을 밀고하였다.

"저들은 황공하게도 효무 황제를 비방하였습니다."

그런데 당시의 천자 장제는 예전 일본의 특고경찰特

---

12) 『후한서』 「유림전」에 따르면 이 두 사람은 공희孔僖와 최인崔駰이다.

高警察[13]보다도 이해심이 훨씬 더 넓었던 모양이다.

"비방이란 없는 사실을 있었던 것처럼 말하는 것입니다. 효무 황제의 사적은 틀림없이 그와 같았다고 국사國史에 명백히 기록되어 있지 않습니까? 게다가 무제로 말하자면, 이미 오래전 윗대의 조상입니다."

태학생 두 사람의 주장은 통했으며, 무죄로 방면되었다. 중국에서도 이만한 정도의 언론 자유는 옛날부터 있었던 것이다.

9.

이러한 비평이 간간이 나타났음에도 후세 사람들의 무제에 대한 존경심은 끝내 감출 수가 없었다. 앞의 두 태학생이 태학의 숙사에서 아무 거리낌 없이 대화를 나누고 있을 무렵에 저술되었던 반고의 『한서』는 무제를 다음과 같이 평가하고 있다.

"한나라가 흥하기까지 인류는 이미 여러 시대를 거쳤

---

13)'특별고등경찰'로 일본제국주의가 1911년에 정치운동이나 사상운동을 단속하기 위해 둔 경찰인데, 1945년 폐지되었다.

으며, 한나라는 여러 시대의 폐단을 어쩔 수 없이 물려받아야 할 처지에 놓여있었다.

그러나 맨 처음 무질서를 질서로 되돌려놓은 이는 초대 고조였으며, 그 뒤 문제·경제는 모두 백성을 휴양休養케 하는 데에 힘을 쏟았다. 다만 고전을 규범으로 삼아 시행하는 문화적인 사업만은 지극히 불완전하였다. 그 일을 수행한 이가 효무 황제였다.

먼저 즉위 초에 유가의 경전인 '육경'의 가치를 드높였고 그 이외의 학파의 주장은 배제하겠다고 당당히 선언한 후에 온 나라를 물색해 널리 인재를 발탁하고 그들과 더불어 대사업을 수행하였다.

대학의 개설, 제사의 정돈, 역법의 개정, 악률의 정비, 악가樂歌의 창작, 봉선의 거행이 모두 과거의 문화 시대였던 주나라의 뒤를 잇는 일이었다. 또한 조정의 언어문화도 찬연히 빛을 발하여 어디에 내놓아도 손색이 없게 되었다. 이후의 천자들이 그것을 조술祖述할 수 있었고, 인류 문화를 옛날의 이상 시대로 되돌아갈 수 있게 하였던 것은 다름 아닌 무제의 덕분이었다.

무제는 무엇보다도 적극적인 영웅이었다. '웅재대략雄才大略'이었다. 만일 무제의 적극적 성격이, 한편으로 문제·경제의 온화한 정책까지 유지하면서 백성의 행복을 증진시켰다면, 고전에서 칭송하는 옛날의 성천자聖天子일지라도 무제보다 더 뛰어날 수는 없었을 것이다."

"만약 무제의 뛰어난 재주와 큰 계략으로 문제·경제의 공손하고 검소함을 바꾸지 않으면서 백성들을 구하였다면, 비록 『시경』과 『서경』에서 칭송하는 공업功業이라 할지라도 무제보다 더 나을 수는 없었을 것이다."[14]

반고의 이러한 평가는 대체로 후세의 중국인들에게 그대로 이어졌다고 나는 생각한다.

중국의 역사, 그것은 다른 지역의 역사와 마찬가지로 인간의 진보에 관한 기록이다. 중국 지역에 있어서 인간의 진보, 거기에 새로운 장을 열었던 시대, 그것이 곧 한 무제의 시대였다.

---

14) 『한서』 권6 「무제기」 "如武帝之雄才大略, 不改文景之恭儉以濟斯民, 雖詩書所稱何有加焉."

관계 연표

기원전	기년	무제 나이	재위	승상	어사대부	국내 관련	국외 관련
141		16	1	위관衛綰	직불의 直不疑	경제 사망. 무제 즉위	흉노 군신軍臣 선우 즉위
140	건원 원년	17	2	두영竇嬰	우저牛抵		
139	2년	18	3	허창許昌	조관趙綰	위자부 입궁	
138	3년	19	4				민월閩越 동구東甌 침략
137	4년	20	5	엄청적 嚴靑翟			
136	5년	21	6				
135	6년	22	7	전분田蚡	한안국 韓安國	두 태후 사망. 급암汲黯 주작도위 主爵都尉 되다	민월 항복
134	원광 원년	23	8				
133	2년	24	9			옹雍의 오치五畤에서 제사	마읍馬邑 전투
132	3년	25	10			이소군李少君 진출	
131	4년	26	11	설택薛澤	장구張毆	두영·전분 사망	
130	5년	27	12			진 황후 유폐	
129	6년		13				위청 거기장군 車騎將軍 되다. 1차 출정
128	원삭 원년	29	14			황자 탄생. 위자부 황후 되다	위청 2차 출정. 창해군 설치
127	2년	30	15				위청 후侯가 되다. 3차 출정
126	3년	31	16	공손홍 公孫弘	장탕張湯 정위 廷尉가 되다		흉노 이치사伊稚斜 선우 즉위. 장건 귀국. 창해군 폐지

기원전	기년	무제나이	재위	승상	어사대부	국내 관련	국외 관련
125	4년	32	17				
124	5년	33	18	공손홍	번계番係	급암 우내사右內史 되다	위청 대장군 되다. 4차 출정
123	6년	34	19				곽거병 후 되다. 위청 5·6차 출정
122	원수원년	35	20		이채李蔡	위자부 아들 황태자 되다. 주매신 주작도위 되다.	
121	2년	36	21	이채		공손홍 사망	곽거병 3·4·5차 출정
120	3년	37	22		장탕	왕 태후 사망. 곤명지 조영	
119	4년	38	23			복식卜式 진출. 소옹少翁 처형	위청·곽거병 대사마 되다. 위청 7차, 곽거병 6차 출정. 장건 다시 서역으로 향하다
118	5년	39	24	엄청적		관도공주 사망. 사마상여 사망	
117	6년	40	25				곽거병 사망
116	원정원년	41	26				
115	2년	42	27	조주趙周	석경石慶	장탕·주매신 사망. 백량대 조영.	장건 귀국
114	3년	43	28				흉노 오유烏維 선우 즉위
113	4년	44	29			황태자 결혼. 최초로 후토后土 제사	
112	5년	45	30	석경		태치泰時를 세우다	장건 사망. 남월 반란
111	6년	46	31		복식	난대欒大 처형	남월 멸망
110	원봉원년	47	32		예관兒寬	태산泰山 봉선封禪	
109	2년	48	33			급암 사망. 통천대通天臺 조영	위만조선 침공
108	3년	49	34				위만조선 항복

기원전	기년	무제 나이	재위	승상	어사대부	국내 관련	국외 관련
107	4년	50	35				
106	5년	51	36			남쪽으로 순수	위청 사망
105	6년	52	37			수산궁首山宮 조영	흉노 아兒 선우 즉위
104	태초 원년	53	38			건장궁 축조	이광리 대완국 파견
103	2년	54	39	공손하 公孫賀			
102	3년	55	40		연광延廣		흉노 구려호 呴黎湖 선우 즉위
101	4년	56	41			명광궁明光宮 조영	흉노 차제후 且鞮侯 선우 즉위
100	천한 원년	57	42		왕경王卿	상홍양 대사농 大司農 되다	
99	2년	58	43				이광리 1차 출정
98	3년	59	44		두주杜周		
97	4년	60	45				이광리 2차 출정
96	태시 원년	61	46				흉노 호록고 狐鹿姑 선우 즉위
95	2년	62	47				
94	3년	63	48		경승지 景勝之	소제 탄생. 강충 수형도위水衡都尉 되다	
93	4년	64	49				
92	정화 원년	65	50				
91	2년	66	51	유굴리 劉屈氂	상구성 商丘成	여 태자 사망	
90	3년	67	52				이광리 3차 출정. 흉노에 투항
89	4년	68	53	전천추 田千秋			
88	후원 원년	69	54				
87	2년	70	55		상홍양	무제 사망. 소제昭帝 즉위	곽광 대사마 되다

옮긴이 후기

'요시카와 고지로吉川幸次郎'라는 이름을 처음 들었던 것은 아미도 대학 3학년 무렵이었던 것으로 기억한다. 본래 대학에서의 전공을 국문학과로 정했다가 이윽고 한문학 쪽으로 방향 전환을 하면서 한창 유교 경서나 역사서 위주로 한문 공부에 열을 올리고 있을 즈음이었다. 그 당시 대학의 풍토에서는 중문학과 쪽도 중국어보다는 한문과 같은 고문 텍스트를 읽는 수업이 많던 관계로 공부에 도움이 될까 싶어 으레 학기마다 중문학과의 고전문학 강의를 듣고는 하였다. 그런데 내가 자주 들었던 고전문학 강의 담당의 한 노교수는 유난히 제 자랑이 심한 분이었다. 강의 내용의 절반은 으레 본인의 신변사를 늘어놓는 자랑으로 채워지기 십상이라 매 학기 수업 진도 또한 제대로 나아가지 못하기 일쑤였다. 그러나 불만을 나타내는 여타 학생들과는 달리 내게는 노교수의 그런 제 자랑이 그다지 밉살스럽게만 느껴지지는 않았다.

이유인즉슨 노교수의 제 자랑 내용이 남들과는 조금은 달랐기 때문이었다. 곧 노교수는 자신의 학문적 실력은 본인의 노력보다는 대학 시절 운 좋게도 탁월한 스승들을 만난 덕택이라면서 학생들에게도 학창 시절 좋은 스승을 만나는 것이 중요하다는 점을 누누이 강조하였다. 그 노교수는 당시로서는 보기 드물게 대만 타이베이臺北대학과 일본 교토 대학에서 두루 유학한 경력을 지녔는데, 노교수가 말한 탁월한 스승들이란 다름 아니라 타이베이 대학의 취완리屈萬里와 교토 대학의 요시카와 고지로를 가리키는 것이었다. 당시까지 일본어 공부에 별달리 흥미를 느끼지 않았던 내가 적어도 장래 공부를 위해서 일본어의 필요성을 느끼기 시작했던 것은 아마도 그 노교수의 요시카와 고지로라는 스승에 관한 이야기에서 자극받은 바가 컸다고 해야 하겠다. 이후 거의 독학하다시피 익힌 일본어로 시작된 이른바 '요시카와 학문吉川學'에 대한 옮긴이의 독서 수행은 그의 연박淵博한 학문 세계와 호한浩瀚하기 짝이 없는 저작물로 인해서 아직도 여전히 진행 중이라고 말할 수 있다. 어쨌든 그렇게 시작된 인연으로 본다면 나는 요시카와 고지로라는 학자의 경해謦咳를 접한 적은 없었더라도 직계 제자인 노교수에게서 배웠다는 점에서는 그의 사숙私淑 손제자 정도는 되지 않을까 하고 마음속으로 늘상 생각해오고 있었다.

이미 두어 차례 한국어 번역본이 나왔던 이 책의 번역을 출판사에서 새삼 의뢰해왔을 적에 내가 선뜻 응했던 것은 아마도 지은이 요시카와 고지로와 맺었던 묘한 인연과 그에게서 입은 학은學恩을 조금이나마 갚겠다는 개인적인 바람이 강하게 작동했던 것이라고 할 수 있겠다. 이후 번역에 매달렸던 두 달이라는 기간 내내 옮긴이는 다시금 풋풋한 대학 시절로 되돌아가 이제는 사숙이 아닌 마치 강의실에서 그의 경해를 접하면서 직접 사사를 받는 듯한 기분으로 작업에 임하였다. 하지만 흔히 '여필麗筆'로 평가받는, 요시카와 고지로의 평이하면서도 유려한 필치를 그에 맞춤한 한국어로 옮겨내는 일은 지극히 고심스러운 작업의 연속이었다. 그와 동시에 그런 고심참담하고도 힘겨운 역업譯業의 나날이 도리어 온 세상에 역병이 창궐하는 요즈음 이른바 '코로나 블루'를 떨쳐버리는 데에는 어느 정도 청량제 역할을 했다는, 참으로 모순이라 할 이중의 느낌을 가져다주기도 하였다.

이상과 같은 이런저런 이유에서 나는 이 번역본에서, 자타가 공인하는 '중국학 연구의 일인자'로 불릴 만큼 탁월한 학문적 역량을 보이면서도 읽기에 더없이 편한 글쓰기 스타일을 추구했던 요시카와 고지로의 정신을 한국의 독자에게도 온전히 전하기 위해 무진 애를 써야만 했음을 밝혀두고자 한다. 그래서 추리소설이나 연애소설처럼 흥미진진한 '페이지터너page-turner'는 아니더라도 독자가 책을 잡고서 단숨에 독파할 수 있게끔 번역된 문장의 가독성을 높이는 데에 최대한 공을 들였다는 사실을 이 책을 읽는 눈 밝은 독자라면 반드시 알아주리라는 것이 내 지나친 기대만은 아니라고 여기는 것이다.

2021년 3월
옮긴이 장원철

일본의 지성과 양심

이와나미岩波 시리즈

001 이와나미 신서의 역사

가노 마사나오 지음 | 기미정 옮김 | 11,800원

일본 지성의 요람, 이와나미 신서!
1938년 창간되어 오늘날까지 일본 최고의 지식 교양서 시리즈로 사랑받고 있는 이와나미 신서. 이와나미 신서의 사상·학문적 성과의 발자취를 더듬어본다.

002 논문 잘 쓰는 법

시미즈 이쿠타로 지음 | 김수희 옮김 | 8,900원

이와나미서점의 시대의 명저!
저자의 오랜 집필 경험을 바탕으로 글의 시작과 전개, 마무리까지, 각 단계에서 염두에 두어야 할 필수사항에 대해 효과적이고 실천적인 조언이 담겨 있다.

003 자유와 규율 -영국의 사립학교 생활-

이케다 기요시 지음 | 김수희 옮김 | 8,900원

자유와 규율의 진정한 의미를 고찰!
학생 시절을 퍼블릭 스쿨에서 보낸 저자가 자신의 체험을 바탕으로, 엄격한 규율 속에서 자유의 정신을 훌륭하게 배양하는 영국의 교육에 대해 말한다.

004 외국어 잘 하는 법

지노 에이이치 지음 | 김수희 옮김 | 8,900원

외국어 습득을 위한 확실한 길을 제시!!
사전·학습서를 고르는 법, 발음·어휘·회화를 익히는 법, 문법의 재미 등 학습을 위한 요령을 저자의 체험과 외국어 달인들의 지혜를 바탕으로 이야기한다.

005 일본병 -장기 쇠퇴의 다이내믹스-

가네코 마사루, 고다마 다쓰히코 지음 | 김준 옮김 | 8,900원

일본의 사회·문화·정치적 쇠퇴, 일본병!
장기 불황, 실업자 증가, 연금제도 파탄, 저출산·고령화의 진행, 격차와 빈곤의 가속화 등의 「일본병」에 대해 낱낱이 파헤친다.

006 강상중과 함께 읽는 나쓰메 소세키

강상중 지음 | 김수희 옮김 | 8,900원

나쓰메 소세키의 작품 세계를 통찰!
오랫동안 나쓰메 소세키 작품을 음미해온 강상중의 탁월한 해석을 통해 나쓰메 소세키의 대표작들 면면에 담긴 깊은 속뜻을 알기 쉽게 전해준다.

007 잉카의 세계를 알다

기무라 히데오, 다카노 준 지음 | 남지연 옮김 | 8,900원

위대한 「잉카 제국」의 흔적을 좇다!
잉카 문명의 탄생과 찬란했던 전성기의 역사, 그리고 신비에 싸여 있는 유적 등 잉카의 매력을 풍부한 사진과 함께 소개한다.

008 수학 공부법

도야마 히라쿠 지음 | 박미정 옮김 | 8,900원

수학의 개념을 바로잡는 참신한 교육법!
수학의 토대라 할 수 있는 양·수·집합과 논리·공간 및 도형·변수와 함수에 대해 그 근본 원리를 깨우칠 수 있도록 새로운 관점에서 접근해본다.

009 우주론 입문 -탄생에서 미래로-

사토 가쓰히코 지음 | 김효진 옮김 | 8,900원

물리학과 천체 관측의 파란만장한 역사!
일본 우주론의 일인자가 치열한 우주 이론과 관측의 최전선을 전망하고 우주와 인류의 먼 미래를 고찰하며 인류의 기원과 미래상을 살펴본다.

010 우경화하는 일본 정치

나카노 고이치 지음 | 김수희 옮김 | 8,900원

일본 정치의 현주소를 읽는다!
일본 정치의 우경화가 어떻게 전개되어왔으며, 우경화를 통해 달성하려는 목적은 무엇인가. 일본 우경화의 전모를 낱낱이 밝힌다.

017 철학을 사용하는 법
와시다 기요카즈 지음 | 김진희 옮김 | 8,900원

철학적 사유의 새로운 지평!
숨 막히는 상황의 연속인 오늘날, 우리는 철학을 인생에 어떻게 '사용'하면 좋을까? '지성의 폐활량'을 기르기 위한 실천적 방법을 제시한다.

018 르포 트럼프 왕국 -어째서 트럼프인가-
가나리 류이치 지음 | 김진희 옮김 | 8,900원

또 하나의 미국을 가다!
뉴욕 등 대도시에서는 알 수 없는 트럼프 인기의 원인을 파헤친다. 애팔래치아산맥 너머, 트럼프를 지지하는 사람들의 목소리를 가감 없이 수록했다.

019 사이토 다카시의 교육력 -어떻게 가르칠 것인가-
사이토 다카시 지음 | 남지연 옮김 | 8,900원

창조적 교육의 원리와 요령!
배움의 장을 향상심 넘치는 분위기로 이끌기 위해 필요한 것은 가르치는 사람의 교육력이다. 그 교육력 단련을 위한 방법을 제시한다.

020 원전 프로파간다 -안전신화의 불편한 진실-
혼마 류 지음 | 박제이 옮김 | 8,900원

원전 확대를 위한 프로파간다!
언론과 광고대행사 등이 전개해온 원전 프로파간다의 구조와 역사를 파헤치며 높은 경각심을 일깨운다. 원전에 대해서, 어디까지 진실인가.

021 허블 -우주의 심연을 관측하다-
이에 마사노리 지음 | 김효진 옮김 | 8,900원

허블의 파란만장한 일대기!
아인슈타인을 비롯한 동시대 과학자들과 이루어낸 허블의 영광과 좌절의 생애를 조명한다! 허블의 연구 성과와 인간적인 면모를 살펴볼 수 있다.

022 한자 -기원과 그 배경-
시라카와 시즈카 지음 | 심경호 옮김 | 9,800원

한자의 기원과 발달 과정!
중국 고대인의 생활이나 문화, 신화 및 문자학적 성과를 바탕으로, 한자의 성장과 그 의미를 생생하게 들여다본다.

023 지적 생산의 기술

우메사오 다다오 지음 | 김욱 옮김 | 8,900원

지적 생산을 위한 기술을 체계화!

지적인 정보 생산을 위해 저자가 연구자로서 스스로 고안하고 동료들과 교류하며 터득한 여러 연구 비법의 정수를 체계적으로 소개한다.

024 조세 피난처 -달아나는 세금-

시가 사쿠라 지음 | 김효진 옮김 | 8,900원

조세 피난처를 둘러싼 어둠의 내막!

시민의 눈이 닿지 않는 장소에서 세 부담의 공평성을 해치는 온갖 악행이 벌어진다. 그 조세 피난처의 실태를 철저하게 고발한다.

025 고사성어를 알면 중국사가 보인다

이나미 리쓰코 지음 | 이동철, 박은희 옮김 | 9,800원

고사성어에 담긴 장대한 중국사!

다양한 고사성어를 소개하며 그 탄생 배경인 중국사의 흐름을 더듬어본다. 중국사의 명장면 속에서 피어난 고사성어들이 깊은 울림을 전해준다.

026 수면장애와 우울증

시미즈 데쓰오 지음 | 김수희 옮김 | 8,900원

우울증의 신호인 수면장애!

우울증의 조짐이나 증상을 수면장애와 관련지어 밝혀낸다. 우울증을 예방하기 위한 수면 개선이나 숙면법 등을 상세히 소개한다.

027 아이의 사회력

가도와키 아쓰시 지음 | 김수희 옮김 | 8,900원

아이들의 행복한 성장을 위한 교육법!

아이들 사이에서 타인에 대한 관심이 사라져가고 있다. 이에 「사람과 사람이 이어지고, 사회를 만들어나가는 힘」으로 「사회력」을 제시한다.

028 쑨원 -근대화의 기로-

후카마치 히데오 지음 | 박제이 옮김 | 9,800원

독재 지향의 민주주의자 쑨원!

쑨원, 그 남자가 꿈꾸었던 것은 민주인가, 독재인가? 신해혁명으로 중화민국을 탄생시킨 희대의 트릭스터 쑨원의 못다 이룬 꿈을 알아본다.

029 중국사가 낳은 천재들

이나미 리쓰코 지음 | 이동철, 박은희 옮김 | 8,900원

중국 역사를 빛낸 56인의 천재들!
중국사를 빛낸 걸출한 재능과 독특한 캐릭터의 인물들을 연대순으로 살펴본다. 그들은 어떻게 중국사를 움직였는가?!

030 마르틴 루터 -성서에 생애를 바친 개혁자-

도쿠젠 요시카즈 지음 | 김진희 옮김 | 8,900원

성서의 '말'이 가리키는 진리를 추구하다!
성서의 '말'을 민중이 가슴으로 이해할 수 있도록 평생을 설파하며 종교개혁을 주도한 루터의 감동적인 여정이 펼쳐진다.

031 고민의 정체

가야마 리카 지음 | 김수희 옮김 | 8,900원

현대인의 고민을 깊게 들여다본다!
우리 인생에 밀접하게 연관된 다양한 요즘 고민들의 실례를 들며, 그 심층을 살펴본다. 고민을 고민으로 만들지 않을 방법에 대한 힌트를 얻을 수 있을 것이다.

032 나쓰메 소세키 평전

도가와 신스케 지음 | 김수희 옮김 | 9,800원

일본의 대문호 나쓰메 소세키!
나쓰메 소세키의 작품들이 오늘날에도 여전히 사람들의 마음을 매료시키는 이유는 무엇인가? 이 평전을 통해 나쓰메 소세키의 일생을 깊이 이해하게 되면서 그 답을 찾을 수 있을 것이다.

033 이슬람문화

이즈쓰 도시히코 지음 | 조영렬 옮김 | 8,900원

이슬람학의 세계적 권위가 들려주는 이야기!
거대한 이슬람 세계 구조를 지탱하는 종교·문화적 밑바탕을 파고들며, 이슬람 세계의 현실이 어떻게 움직이는지 이해한다.

034 아인슈타인의 생각

사토 후미타카 지음 | 김효진 옮김 | 8,900원

물리학계에 엄청난 파장을 몰고 왔던 인물!
아인슈타인의 일생과 생각을 따라가보며 그가 개척한 우주의 새로운 지식에 대해 살펴본다.

035 음악의 기초

아쿠타가와 야스시 지음 | 김수희 옮김 | 9,800원

음악을 더욱 깊게 즐길 수 있다!
작곡가인 저자가 풍부한 경험을 바탕으로 음악의 기초에 대해 설명하는 특별한 음악 입문서이다.

036 우주와 별 이야기

하타나카 다케오 지음 | 김세원 옮김 | 9,800원

거대한 우주의 신비와 아름다움!
수많은 별들을 빛의 밝기, 거리, 구조 등을 다양한 시점에서 해석하고 분류해 거대한 우주 진화의 비밀을 파헤쳐본다.

037 과학의 방법

나카야 우키치로 지음 | 김수희 옮김 | 9,800원

과학의 본질을 꿰뚫어본 과학론의 명저!
자연의 심오함과 과학의 한계를 명확히 짚어보며 과학이 오늘날의 모습으로 성장해온 궤도를 사유해본다.

038 교토

하야시야 다쓰사부로 지음 | 김효진 옮김 | 10,800원

일본 역사학자의 진짜 교토 이야기!
천년 고도 교토의 발전사를 그 태동부터 지역을 중심으로 되돌아보며, 교토의 역사와 전통, 의의를 알아본다.

039 다윈의 생애

야스기 류이치 지음 | 박제이 옮김 | 9,800원

다윈의 진솔한 모습을 담은 평전!
진화론을 향한 청년 다윈의 삶의 여정을 그려내며, 위대한 과학자가 걸어온 인간적인 발전을 보여준다.

040 일본 과학기술 총력전

야마모토 요시타카 지음 | 서의동 옮김 | 10,800원

구로후네에서 후쿠시마 원전까지!
메이지 시대 이후 「과학기술 총력전 체제」가 이끌어온 근대 일본 150년. 그 역사의 명암을 되돌아본다.

041 밥 딜런

유아사 마나부 지음 | 김수희 옮김 | 11,000원

시대를 노래했던 밥 딜런의 인생 이야기!
수많은 명곡으로 사람들을 매료시키면서도 항상 사람들의 이해를
초월해버린 밥 딜런. 그 인생의 발자취와 작품들의 궤적을 하나하나
짚어본다.

042 감자로 보는 세계사

야마모토 노리오 지음 | 김효진 옮김 | 9,800원

인류 역사와 문명에 기여해온 감자!
감자가 걸어온 역사를 돌아보며, 미래에 감자가 어떤 역할을 할 수
있는지, 그 가능성도 아울러 살펴본다.

043 중국 5대 소설 삼국지연의 · 서유기 편

이나미 리쓰코 지음 | 장원철 옮김 | 10,800원

중국 고전소설의 매력을 재발견하다!
중국 5대 소설로 꼽히는 고전 명작 『삼국지연의』와 『서유기』를 중국
문학의 전문가가 흥미롭게 안내한다.

044 99세 하루 한마디

무노 다케지 지음 | 김진희 옮김 | 10,800원

99세 저널리스트의 인생 통찰!
저자는 인생의 진리와 역사적 증언들을 짧은 문장들로 가슴 깊이 우
리에게 전한다.

045 불교입문

사이구사 미쓰요시 지음 | 이동철 옮김 | 11,800원

불교 사상의 전개와 그 진정한 의미!
붓다의 포교 활동과 사상의 변천을 서양 사상과의 비교로 알아보고,
나아가 불교 전개 양상을 그려본다.

046 중국 5대 소설 수호전 · 금병매 · 홍루몽 편

이나미 리쓰코 지음 | 장원철 옮김 | 11,800원

중국 5대 소설의 방대한 세계를 안내하다!
「수호전」, 「금병매」, 「홍루몽」 이 세 작품이 지니는 상호 불가분의 인
과관계에 주목하면서, 서사란 무엇인지에 대해서도 고찰해본다.

047 로마 산책
가와시마 히데아키 지음 | 김효진 옮김 | 11,800원

'영원의 도시' 로마의 역사와 문화!
일본 이탈리아 문학 연구의 일인자가 로마의 거리마다 담긴 흥미롭고 오랜 이야기를 들려준다. 로마만의 색다른 낭만과 묘미를 좇는 특별한 로마 인문 여행.

048 카레로 보는 인도 문화
가라시마 노보루 지음 | 김진희 옮김 | 13,800원

인도 요리를 테마로 풀어내는 인도 문화론!
인도 역사 연구의 일인자가 카레라이스의 기원을 찾으며, 가지의 특색 넘치는 요리를 맛보고, 역사와 문화 이야기를 들려준다. 인도 각 고장의 버라이어티한 아름다운 요리 사진도 다수 수록하였다.

049 애덤 스미스
다카시마 젠야 지음 | 김동환 옮김 | 11,800원

우리가 몰랐던 애덤 스미스의 진짜 얼굴
애덤 스미스의 전모를 살펴보며 그가 추구한 사상의 본뜻을 이해하고, 근대화를 향한 투쟁의 여정을 들여다본다

050 프리덤, 어떻게 자유로 번역되었는가
야나부 아키라 지음 | 김옥희 옮김 | 12,800원

근대 서양 개념어의 번역사
「사회」, 「개인」, 「근대」, 「미」, 「연애」, 「존재」, 「자연」, 「권리」, 「자유」, 「그, 그녀」 등 10가지의 번역어들에 대해 실증적인 자료를 토대로 성립 과정을 날카롭게 추적한다.

051 농경은 어떻게 시작되었는가
나카오 사스케 지음 | 김효진 옮김 | 12,800원

농경은 인류 문화의 근원!
벼를 비롯해 보리, 감자, 잡곡, 콩, 차 등 인간의 생활과 떼려야 뗄 수 없는 재배 식물의 기원을 공개한다.

052 말과 국가
다나카 가쓰히코 지음 | 김수희 옮김 | 12,800원

언어 형성 과정을 고찰하다!
국가의 사회와 정치가 언어 형성 과정에 어떠한 영향을 미치는지, 그 복잡한 양상을 날카롭고 알기 쉽게 설명한다.

053 헤이세이(平成) 일본의 잃어버린 30년

요시미 슌야 지음 | 서의동 옮김 | 13,800원

일본 최신 사정 설명서!
경제 거품 붕괴, 후쿠시마 원전사고, 가전왕국의 쇠락 등 헤이세이의
좌절을 한 권의 책 속에 건축한 '헤이세이 실패 박물관'.

054 미야모토 무사시 -병법의 구도자-

우오즈미 다카시 지음 | 김수희 옮김 | 13,800원

미야모토 무사시의 실상!
무사시의 삶의 궤적을 더듬어보는 동시에, 지극히 합리적이면서도
구체적으로 기술된 그의 사상을 『오륜서』를 중심으로 정독해본다.

055 만요슈 선집

사이토 모키치 지음 | 김수희 옮김 | 14,800원

시대를 넘어 사랑받는 만요슈 걸작선!
『만요슈』작품 중 빼어난 걸작들을 엄선하여, 간결하면서도 세심한
해설을 덧붙여 한 권의 책으로 엮어낸 『만요슈』에센스집.

056 주자학과 양명학

시마다 겐지 지음 | 김석근 옮김 | 13,800원

같으면서도 달랐던 두 가지 시선!
중국의 신유학은 인간을 어떻게 이해하려 했는가? 동아시아 사상사
에서 빼놓을 수 없는 주자학과 양명학의 역사적 역할을 분명히 밝혀
본다.

057 메이지 유신

다나카 아키라 지음 | 김정희 옮김 | 12,800원

일본의 개항부터 근대적 개혁까지!
메이지 유신 당시의 역사적 사건들을 깊이 파고들며 메이지 유신이
가지는 명과 암의 성격을 다양한 사료를 통해서 분석한다.

058 쉽게 따라하는 행동경제학

오타케 후미오 지음 | 김동환 옮김 | 12,800원

행동경제학을 제대로 사용하는 방법!
보다 좋은 의사결정과 행동을 이끌어내는 지혜와 궁리가 바로 넛지
(nudge)이며, 이러한 넛지를 설계하고 응용하는 방법을 소개한다.

059 독소전쟁 -모든 것을 파멸시킨 2차 세계대전 최대의 전투-

오키 다케시 지음 | 박삼헌 옮김 | 13,800원

인류역사상 최악의 전쟁인 독소전쟁!
2차 세계대전 승리의 향방을 결정지은 독소전쟁을 정치, 외교, 경제, 리더의 세계관 등 다양한 측면에서 살펴본다.

060 문학이란 무엇인가

구와바라 다케오 지음 | 김수희 옮김 | 12,800원

뛰어난 문학작품은 우리를 변혁시킨다!
날카로운 통찰력으로 바람직한 문학의 모습과 향유 방법에 관헌 문학 독자들이 던지는 질문에 명쾌한 해답을 제시한다.

061 우키요에

오쿠보 준이치 지음 | 이연식 옮김 | 15,800원

전 세계 화가들을 단숨에 매료시킨 우키요에!
우키요에의 역사, 기법, 제작 방식부터 대표 작품, 화가에 이르기까지 우키요에의 모든 것을 다양한 도판 70여 장과 함께 살펴본다.

IWANAMI 062

한 무제
-중국 역사의 새로운 장을 열다-

초판 1쇄 인쇄 2021년 4월 10일
초판 1쇄 발행 2021년 4월 15일

저자 : 요시카와 고지로
번역 : 장원철

펴낸이 : 이동섭
편집 : 이민규
책임편집 : 조세진
디자인 : 조세연
표지 디자인 : 공중정원
영업·마케팅 : 송정환
e-BOOK : 홍인표, 유재학, 최정수, 서찬웅
관리 : 이윤미

㈜에이케이커뮤니케이션즈
등록 1996년 7월 9일(제302-1996-00026호)
주소 : 04002 서울 마포구 동교로 17안길 28, 2층
TEL : 02-702-7963~5 FAX : 02-702-7988
http://www.amusementkorea.co.kr

ISBN 979-11-274-4383-2 04910
ISBN 979-11-7024-600-8 04080

KAN NO BUTEI
by Kojiro Yoshikawa
Copyright © 1949, 2017 by Yasuko Yoshikawa
Originally published in 1949 by Iwanami Shoten, Publishers, Tokyo.
This Korean print edition published 2021
by AK Communications, Inc., Seoul
by arrangement with Iwanami Shoten, Publishers, Tokyo